MA TANTE

GENEVIÈVE,

OU

JE L'AI ÉCHAPPÉ BELLE.

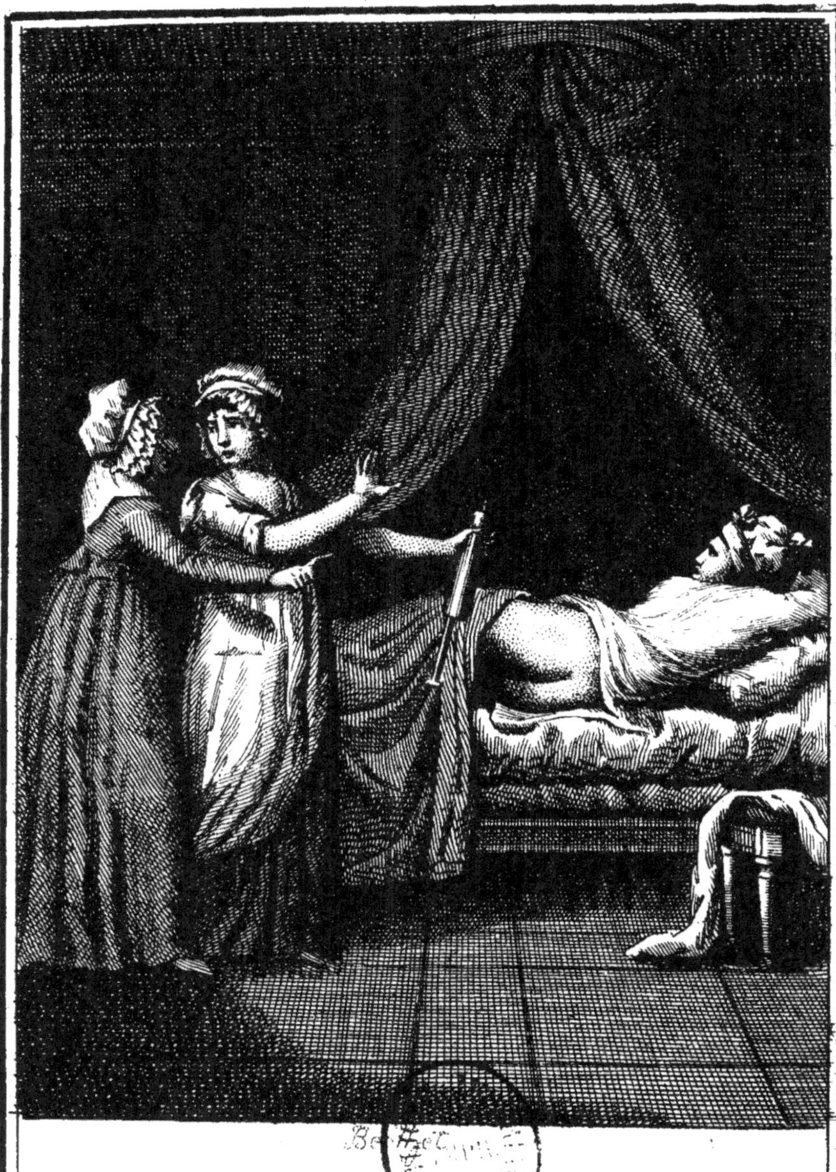

Fi donc ma tante ? je ne m'atandais pas

MA TANTE GENEVIÈVE,

OU

JE L'AI ÉCHAPPÉ BELLE;

PAR DO.....Y.

TOME PREMIER.

Avec figures.

Je me trouve mariée, veuve,
et encore fille.

A PARIS,

Chez BARBA, libraire, Maison-Egalité, galerie
derrière le théâtre de la République, n.º 51.

AN IX.   1800.

AVANT-PROPOS.

Quoique j'aie toujours été, ou que j'aie passé pour inconséquente, et même folle pendant les trois premiers quarts de ma vie, j'aime l'ordre, à présent que l'âge m'a mûrie...... Ainsi donc, pour procéder par ordre, je crois devoir, en attendant que je sois arrivée au moment où mon histoire personnelle sera assez intéressante pour mériter l'attention du lecteur, commencer par lui faire savoir ce qu'était ma tante Geneviève, qui, tant par son droit d'aînesse que par l'influence majeure que son existence a eu

a.

sur la mienne, doit nécessaire-
ment être connue avant moi.

Je parle de cette tante exclu-
sivement, parce que de tous les
parens que j'ai eus (apparemment
comme tout le monde) je n'ai
jamais connu qu'elle, qui seule
m'a tenu lieu de toute une famille.

Elle m'a enseigné à lire, à
écrire...... et mon catéchisme,
comme aurait pu faire *un père*
habile. Elle m'a appris le tricot,
la couture, le blanchissage, le
repassage, le ressemelage et la
cuisine, comme *la mère* la plus
experte dans tous ces utiles talens. Elle m'a promenée, soignée

et nettoyée étant enfant, comme une bonne *sœur aînée* qui aurait été chargée de cette besogne. Quand je fus plus grandelette, elle jouait avec moi comme aurait aimé à le faire un *petit frère* espiègle. Lorsque je commençai à être raisonnable, elle me faisait des confidences comme m'en aurait fait *une cousine* attachée. Dans ses belles humeurs, elle me caressait comme *une tante* qui aurait été jalouse de ma mère; dans ses mauvaises, elle me brusquait comme *un oncle* qui aurait été en procès avec mon père..... Et sur ses vieux jours, la pauvre et chère bonne femme me sermonait et me rabâchait comme une vieille *grand'mère*.

Que de titres pour me ressouvenir d'elle !.... aussi je ne l'oublierai jamais : ou près, ou éloignée d'elle, toutes les peines que j'ai endurées, tous les plaisirs que j'ai goûtés, m'ont toujours rappelé sa mémoire. Les premiers mots que j'ai su bégayer, ont été *ma tante Geneviève*, et les derniers que je pourrai articuler, seront encore *ma pauvre tante Geneviève !*

PRÉFACE,

ou

AVIS AU LECTEUR.

QUELQUES personnes austérés diront peut-être qu'il y a des détails un peu libres dans cet ouvrage, et en feront d'avance la critique, sans envisager le but que l'auteur s'est proposé en le composant; c'est cependant là l'essentiel.

Certes, la jeunesse en sait assez aujourd'hui, et de bien bonne heure même, sur les matières les plus délicates, pour qu'on ne craigne pas que cette lecture apprenne rien à cet égard à ceux ou à celles qui sont dans le cas de lire. Les oreilles sont déjà savantes, quand les yeux sont encore à l'école.....

Mais en faisant passer une fille jeune, simple et vertueuse comme Suzon, et une plus éveillée qu'elle, comme l'était sa tante Geneviève dans ses premières années, par tant de différentes situations où beaucoup, même presque toutes les jeunes personnes peuvent se trouver, l'auteur a eu en vue un véritable but moral.

Ça été de faire observer sous combien de formes la séduction peut s'envelopper et se déguiser pour atteindre ce sexe charmant et fragile..... sur-tout quand l'innocence l'empêche de deviner et de soupçonner les embûches que le sexe plus fort et plus malin lui tend continuellement, et de le prémunir contre ses attaques.

D'ailleurs la vertu soutenue de Suzon et de sa tante, est toujours délivrée à temps de tous les dangers auxquels elles n'ont jamais eu l'intention de succomber.

Un brave et généreux français meurt à la fin, mais c'est par la suite des blessures glorieuses qu'il a reçues en faisant son devoir, et parce qu'il faut bien que tout le monde finisse à son tour; même moi, et ceux qui me liront.... et encore ceux qui ne me liront pas.

Mais Suzon, qui a encore le temps de vivre et de faire de bonnes choses, comme pourront le voir par la suite ceux ou celles à qui Dieu prêtera vie, aussi curiosité, Suzon est récompensée, ainsi que sa tante, et tous les êtres criminels ou seulement vicieux qui figurent dans cette galerie de tableaux, sont tous punis.

Rendre le vice odieux, a donc été l'intention de l'auteur; préserver de la séduction, ou de l'envie de l'employer, quelques-uns de ses lecteurs ou lectrices, est la récompense qu'il ambitionne, et sa devise est, *Honni soit qui mal y pense.*

MA TANTE GENEVIÈVE.

CHAPITRE PREMIER.

Ce qu'était ma tante Geneviève.

Loin de moi les vaines suggestions de l'orgueil ! La vérité toute nue va présider à mes récits. Dans ce moment où, seule de ma race, inconnue dans le pays que j'habite, et assez avantagée de la fortune pour me faire considérer par mon aisance, titre unique sur lequel on juge si souvent les individus, et on apprécie leurs qualités, je pourrais m'en faire accroire comme bien d'autres qui, étourdis de leur bonheur actuel, oublient les tribulations et la bassesse de leur origine...... Mais je pense que j'écris pour l'instruction de mes semblables, et je vais dérouler franchement et naïvement à leurs yeux tous les feuillets de l'histoire de ma vie. Je rougirai quelquefois toute seule, en retraçant mes faiblesses, mais je me flatterai en même temps que les aveux de mes erreurs pourront être de quelqu'utilité aux jeunes personnes de mon sexe..... Hélas! il est si fragile, que les exemples doivent lui être plus profitables que les leçons!

Ma tante Geneviève, dont je n'ai jamais connu la parenté plus que la mienne, exerçait un talent particulier qu'elle avait cultivé avec soin, approfondi et poussé à un haut degré de perfection, et qui l'avait rendue fameuse dans Paris, ville de ressource, où le plus petit genre, quand on y excelle, peut donner de la célébrité. Ma tante donc excellait à placer dextrement une canule et à donner habilement un clystère. Ce n'est pas là sans doute une fonction bien relevée.......... mais enfin elle pouvait être lucrative, et sa modestie, la bornant dans la sphère qu'elle s'était choisie, l'empêchait de viser plus haut.

C'était même un effet de sa philosophie, car elle avait été plusieurs fois avant dans de belles passes, et aurait pu parvenir à la fortune par un autre canal, mais différens échecs l'avaient dégoûtée de l'ambition. Elle, qui avait été cuisinière dans de grandes maisons, jugea qu'il serait méritoire et réparatoire, après avoir occasionné force indigestions, de travailler à en guérir. De plus, elle était devenue si laide en vieillissant, que, ne pouvant plus espérer de recevoir un compliment quand elle se présentait en face, elle trouvait encore un dédommagement à en mériter en ne se montrant qu'au derrière des gens. Elle se fixa donc à cette humble fonction dans laquelle sa laideur même devait encore, suivant le dicton populaire, provoquer et aider l'effet de ses remèdes. Que de gens à prétention dans la scène du monde, n'ont jamais eu comme elle le bon esprit de s'apprécier juste, et de se borner au seul et véritable emploi auquel la nature les avait destinés !.......

Ne se départissant donc plus du fondement sur lequel elle avait cru pouvoir établir sa petite fortune, ma tante ne mérita jamais le reproche que le fameux peintre Apelles fit jadis à un savetier : *Ne sutor ultra crepidam.* Elle allait droit à sa besogne, et ne se mêlait jamais de fourrer, comme on dit, son nez autre part, ni de jaser à tort et à travers de ce qui n'était pas de son district...... et c'est encore là un article essentiel ! Que de bonnes, que de gouvernantes, que de gardes étourdissent leurs malades d'un bavardage ennuyeux, au lieu de les bien soigner ! Mais ma tante, naturellement silencieuse dans la posture où elle voyait toujours les siens, s'abstenait de ces colloques inutiles, et toute entière au but de son emploi, elle soulageait ses patiens au lieu de babiller.

Aussi faisait-elle fort bien ses affaires,

GENEVIEVE.

et sa dextérité, jointe à un procès curieux (1) qu'elle intenta à un chanoine ingrat qui lui refusait ses honoraires, fit voler et éclater sa réputation dans la capitale et dans toutes les provinces.

Ce chanoine était un gros, gras, replet, rebondi, massif et enluminé personnage, mangeant comme quatre, buvant comme six, et pour moins s'ennuyer, passant, outre ses repas, toutes les heures de l'office à table; ce qui lui valait régulièrement deux ou trois indigestions par jour, qui nécessitaient par conséquent aussi cinq à six lavemens par journée.

Ma tante ayant autant de confiance en la probité du chanoine, qu'elle faisait de fond sur sa gourmandise, laissait tran—

____

(1) Voyez dans les Causes amusantes, le procès de la femme Etiennette Boyau, garde-malade, demanderesse, contre maître François Bourgeois, chanoine de l'insigne église collégiale et papale de Saint Urbain de Troyes, défendeur.

A.

quillement multiplier le nombre de ses séances, dans l'intention de toucher le tout en masse, et de le placer ensuite avantageusement ; mais l'année entière étant révolue, elle présenta son mémoire et en demanda le paiement.

Le chanoine étonné de la somme, trouvant dur de payer en gros ce qu'il n'avait pris qu'en détail, et piqué de la demande de ma tante, refusa net, et même la cassa aux gages, et la mit scandaleusement à la porte.

La bonne Geneviève, offensée à son tour de cet indigne procédé, attaqua le chanoine en justice, fournit les preuves à l'appui de son mémoire, et fit si bien entendre au conseil, que l'honneur de s'être agenouillée un millier de fois devant le postérieur canonique, n'était pas un dédommagement suffisant pour ses peines, qu'il fut fait droit à sa demande.

CHAPITRE II.

Triomphe de ma tante. Elle veut m'apprendre sa profession. Visite, chez un abbé.

Ma tante gagna donc son procès contre le chanoine, avec dépens, et en obtint le paiement par arrêt de la cour; mais ce qui lui fit plus d'honneur encore dans le monde, et ce qui flatta particulièrement son amour propre, c'est que ce même chanoine qui l'avait interdite de ses fonctions et bannie de chez lui, eut une rechute fort grave occasionnée, tant par son intempérance habituelle, que par la colère que lui avait donnée et le procès qui l'avait fait tourner en ridicule, et la condamnation qui l'avait contraint à débourser son argent.

Dans ses cruelles angoisses et les crispations réitérées de ses intestins, il avait eu recours à tous ceux et celles qui passaient pour experts ou expertes dans cet art si utile et si peu estimé.... Mais de toutes les mains qui s'étaient exercées à l'embouchure de son énorme fessier, aucunes n'avaient pu parvenir à lui faire oublier la justesse et la dextérité de celles de ma tante ; de sorte qu'excédé de toutes les épreuves nouvelles qu'il tentait chaque jour, et des souffrances qu'on lui faisait éprouver sans lui donner de soulagement, après avoir passé en revue presque tous les pharmacopoles et toutes les gardes de Paris, se voyant prêt à mourir constipé, il se détermina à *mettre les pouces* devant Geneviève, à la faire prier de revenir, et à lui assurer qu'il était encore tout disposé, non pas à baisser, mais à lever pavillon devant elle.

Sa rentrée dans cette maison fut une entrée triomphale, et sa marche pendant le chemin eut tout l'air d'une fête après une victoire.

La musique la précédait, toute composée d'instrumens à vent ; quatre garçons apothicaires et quatre gardes-malades portaient leurs seringues renversées en signe de leur défaite ; deux autres marchaient ensuite immédiatement après ma tante, dont la seringue haute annonçait et ses anciens succès, et les exploits glorieux qu'elle allait encore mettre à fin : ces deux-là portaient des bassins qui devaient servir après son expédition, et un grouppe de peuple suivait en formant un charivari avec des poêles, des chaudrons et des mortiers que l'on frappait avec des pilons d'apothicaire.

Son entrevue avec le chanoine fut aussi des plus touchantes. Il s'excusa de son mieux pour les mauvais procédés qu'il avait eus avec elle, la conjura de n'en point garder de rancune, comme il déclara n'en avoir aucune de son côté pour le procès qu'elle lui avait intenté ; et bref, lui dit que pour la plus grande

preuve qu'il pouvait lui donner du plaisir qu'il avait à la revoir chez lui, il
allait lui tourner le dos..... ce qu'il fit à
l'instant; et ma chère tante, tout-à-fait
vaincue par cette démonstration signi-
ficative, oubliant de même tout son
fiel, tomba à genoux, en lui disant :
La paix soit faite..... et elle opéra soudain ,...... et à deux minutes de là les
boyaux du chanoine se déployant ,
s'alongeant et se soulageant, répétaient à
l'envi l'un de l'autre , *paix! paix! paix!*

Ce bruit expressif donna le signal au
cortége musical qui était resté dans la
cour pour laisser parachever le grand
œuvre , et qui s'écria spontanément,
victoire ! Les deux bassins bien et dûment remplis furent exposés sur la fenêtre de la chambre du chanoine ; ma
tante redescendit aux acclamations
unanimes, et fut reconduite chez elle
dans le même ordre, et avec la même
symphonie qui l'avait amenée ,...... et
un déjeûner copieux fut payé par le

malade soulagé, qui proportionna libéralement l'étendue de sa reconnaissance
à l'abondance de l'évacuation qu'on
venait de lui procurer.

La bonne Geneviève, enorgueillie de
ses nouveaux succès, qui depuis ce
moment allèrent encore en augmentant,
imagina pour mon bien de m'initier aux
secrets d'un art qu'elle professait avec
tant de supériorité.

Je commençais déjà à être formée;
j'avais même de la tournure et de l'em-
bonpoint, et je pouvais passer pour une
assez jolie petite personne.

Ma tante ayant donc conçu son projet,
et ne doutant pas que je ne dusse me
conformer à ses vues, sinon avec em-
pressement, du moins avec résignation,
me dit un matin, en me mettant deux
seringues en main, que j'allais sortir
avec elle et commencer mon noviciat,
pour parvenir à la gloire et à la fortune.

« Ma chère enfant, me dit-elle »,
(car elle avait des principes, et elle

pensait qu'il fallait toujours convaincre et gagner les esprits au lieu de contraindre les volontés).

   « Ma chère nièce ! tu n'as pas de
» bien.......... que celui que tu peux
» attendre de moi ; mais je suis vieille,
» et à mesure que tu avances et que
» tu entres dans le monde , je recule,
» moi , et j'en vais bientôt sortir ; et
» je ne te laisserai pas bien riche.......
» Heureusement j'ai eu la satisfaction
» de t'amener à bien jusqu'à ce jour,
» et te voilà , dieu merci, en âge de
» travailler et de gagner par toi-même
» de quoi pourvoir à ta subsistance.
» Il te faut donc choisir un état. Or tu
» vois par ma propre expérience qu'il
» n'en est guères , j'ose le dire, qui
» soit dans le cas de mieux te nourrir
» que celui que j'exerce depuis si long-
» temps , et avec distinction...... Que
» l'orgueil ne t'aveugle pas , et ne va
» pas te coiffer l'imagination pour quel-
» que métier qui te paraîtra plus bril-

» lant en apparence. Tout ce qui reluit
» n'est pas or, mon enfant ! Et souvent
» les espérances de toutes ces belles
» marchandes et ouvrières, ne sont que
» du vent, et leurs coffres et tiroirs ne
» renferment que du vent, comme nos
» seringues quand elles sont vides ;
» toute la différence, c'est que ce vent
» là nous fait vivre, nous, en le chas-
» sant à propos, au lieu qu'elles meu-
» rent de faim avec leurs grandes pré-
» tentions !......

» Je trouve encore un motif bien
» puissant pour t'engager à prendre ce
» parti. Te voilà bien faite, jolie, appé-
» tissante ; un état qui te mettrait à
» même de parler aux hommes, de les
» voir en face, et d'en être regardée,
» t'exposerait à des piéges, à des em-
» bûches de leur part ; car ce sont des
» serpens qui ne cherchent qu'à trom-
» per et séduire les jeunes filles !........
» et, après t'avoir ravi ton honneur,
» qui est et doit être toujours le plus

I.   B

» précieux de ton bien, ils t'abandon-
» neraient et te laisseraient dans le
» malheur et le mépris !..... Mais dans
» le ministère auquel je te destine, tu
» ne rencontreras jamais les regards de
» ces perfides ; leur langue ne pourra
» t'adresser aucun discours corrupteur ;
» et comme de plus tu n'auras affaire
» qu'à des malades, ta vertu n'aura
» aucune attaque dangereuse à craindre
» de leur part.

» Viens donc avec moi, ma chère
» nièce, et je vais te donner les pre-
» mières leçons d'un art qui conser-
» vera ton innocence et assurera ta
» fortune ».

Quoique je ne me sentisse ni goût ni
disposition pour cet art merveilleux,
qu'elle me vantait tant, ne trouvant rien
à lui répondre pour l'instant, et n'osant
pas la contrarier, je la suivis, chargée
des deux seringues, que j'enveloppai
bien soigneusement et doublement, et
triplement dans mon tablier, car, sans

trop me douter encore de l'exercice qu'on allait m'apprendre, je sentais d'avance que j'aurais rougi si le petit bout seul d'une des canules avait pu s'apercevoir au dehors........ et nous arrivâmes à une maison d'assez belle apparence.

Un laquais jeune et bien fait nous conduisit à la chambre de son maître, qui nous attendait couché dans son lit; après avoir tiré les rideaux des fenêtres, ce valet nous dit en sortant, et en me lançant un coup d'œil malin, mais dont je ne devinais pas encore l'intention : « Mademoiselle va débuter, apparem- » ment ? bon courage ! Voilà du jour, » vous pouvez opérer à votre aise ».

Alors ma tante me fit déployer mon tablier et sortir mes seringues. Il y avait un coquemar tout prêt devant le feu; on remplit un des deux instrumens ; le malade se tourna dedans son lit et se mit en posture : ma tante me fit avan- cer, me mit la seringue en main, et

m'indiqua l'endroit où je devais poser
la canule. A cet aspect hideux je reculai toute frissonnante et révoltée........
« Comment ! ma tante, m'écriai-je,
» voilà le beau secret que vous avez
» inventé pour conserver ma pudeur !...
» fi donc ! je ne m'attendais pas que
» vous m'auriez fait voir des choses
» comme ça !

» Qu'est-ce à dire, mam'selle, des
» choses comme ça ? reprit-elle aigre-
» ment, eh ! qu'est-ce que vous voyez
» donc là qui ne soit très-naturel ?
» Ça a beau être naturel, dis-je encore
» toute tremblante, ça n'en est pas
» moins très-vilain et très-scandaleux !
» — Eh mais, voyez donc cette mor-
» veuse, avec son scandale !...... Il y
» a vingt ans, mam'selle, que j'en vois
» comme ça au moins cinq à six par
» jour, et jamais aucun n'a scandalisé
» ma pudeur, qui vaut bien la vôtre,
» entendez-vous ? et c'est avec c'te vue-
» là que je suis venue à bout de vous

» nourrir et de vous élever ; et il vous
» sied très-mal d'en dire *fi* à présent,
» et de faire la petite ridicule !.........
» — Mais dame, ma tante, ça dépend
» des dispositions, apparemment..... et
» puis vous vous y êtes habituée petit-
» à-petit ; mais, moi, du premier coup
» d'œil ça me répugne, et je ne me
» sens pas de vocation pour c'tappren-
» tissage-là.

» Eh bien ! eh bien ! qu'est-ce que
» c'est donc que cette dispute-là ? nous
» cria d'une voix dolente le patient,
» qui attendait toujours l'injection bien-
» faisante dont il avait besoin, vous me
» laissez tout refroidir là ; soulagez-moi
» donc bien vîte, car j'étouffe ».

Là-dessus, ma tante de me reprendre et de me rattirer de plus belle
auprès du lit, dont je détournais les
yeux, que je couvrais encore avec ma
main....... « Allons vîte, mam'selle, et
» dépêchez-vous de soulager monsieur,
» qui est un gros et riche bénéficier, un

B.

» abbé respectable , dont l'estomac ,
» paresseux dans ses fonctions , nous
» invite à être alertes dans les nôtres ,
» et dont cette partie que vous n'osez
» envisager (quel abus elle faisait des
» termes) ! est un fond , pour ainsi dire ,
» inépuisable pour nous ! une mine enfin
» qui vous rapportera des rentes......
» Car monsieur l'abbé m'a promis , si
» Dieu lui prête vie , et que ses indi-
» gestions continuent , ce que j'espère
» bien , de vous accorder ma survivance
» auprès de lui ».

Quoique peu convaincue par ces beaux raisonnemens , je voulais essayer de contenter ma tante et de faire violence à l'antipathie que je sentais en moi pour cet humiliant office...... Je me rapprochai donc, mais en vain. La vue de ce postérieur décharné et ridé me révolta de nouveau. Je me reculai vivement jusqu'à la porte, que j'ouvris pour sortir, en déclarant positivement à ma tante que ma répugnance était invincible.....

et que, fusse même un *pape*, jamais je n'aborderais un homme de ce vilain côté-là...... Et en lui disant de l'expédier elle-même, je jetai la seringue sur le lit. Par malheur elle tomba sur les reins du cacochyme bénéficier; la canule se défit, et l'eau destinée à entrer dans le corps, en baigna copieusement les dehors.

A cette aspersion inattendue et contradictoire, l'homme de Dieu se mit dans une sainte et violente colère, et, nous maudissant canoniquement toutes les deux, il se retourna vivement, et empoignant la seringue, il la lança au visage de ma bonne tante, à qui il fit sauter, par cette apostrophe, une des trois dernières dents qu'elle possédait encore. Ma tante, pour ne pas être en reste, remplit soudain la seringue avec l'eau du coquemare, qui pendant nos colloques avait eu le temps de bouillir, et lui en injectant dans la figure, elle pensa lui brûler un œil, en acquit de la dent qu'il lui avait cassée. Le saint homme, écumant de fureur et se cachant sous ses draps et couvertures pour échapper à ce second baptême bouillant que lui administrait la furieuse Geneviève, s'efforçait d'appeler son valet pour nous mettre à la porte. Nous dégringolâmes de nous-mêmes l'escalier, et nous sauvant avec armes et bagages, excepté la dent que ma tante avait laissée sur le champ de bataille, nous fûmes rattrapées au bas des degrés par le beau laquais qui rit beaucoup en voyant Géneviève ensanglantée, disait-il, à l'attaque de la demi-lune........

Il avait été témoin de toute la scène, ayant eu la curiosité de se poster à une petite porte vitrée qui donnait sur la chambre de son maître. Il loua la valeur de ma tante qui s'était si bien vengée, et me fit beaucoup de complimens sur ma pudeur et le refus que j'avais fait de me prêter à ce vil ministère.

« Mais, mon bon monsieur, disait

» Geneviève, que va-t-elle devenir à
» présent? Il faut pourtant vivre. Il faut
» bien qu'on mange !..... Eh! ma chère
» dame, répondait-il, ne peut-on donc
» se procurer des vivres que par ce côté-
» là ?..... Ne vous méfiez pas de la pro-
» vidence, elle saura pourvoir à vos
» besoins ».

Alors, en nous assurant qu'il s'inté-
ressait sincèrement à moi, il nous promit
de s'occuper du soin de me procurer un
emploi plus agréable..... et sur ce que
ma tante lui dit qu'elle m'avait appris la
couture, le blanchissage, le ressemè-
lage et la cuisine.......

« Eh morbleu! nous dit-il, que pouvez-
» vous craindre avec toutes ces res-
» sources-là ! Voilà l'éducation qu'on
» devrait donner à toutes nos riches et
» nobles demoiselles ; le bien peut se
» perdre, mais avec des talens comme
» ceux-là on ne saurait jamais man-
» quer ». Et en insistant sur la cuisine,
il me promit de rechef qu'il me trou-

verait bientôt une maison où je n'aurais
à travailler que pour l'opposé de l'endroit pour lequel je venais de montrer
tant de répugnance.

CHAPITRE III.

Ma tante veut former un élève. Complaisance que j'eus pour lui. Ma tante prend mal la chose.

Ma tante, de retour à la maison, commença par me tancer rudement, et me reprocher la perte de sa dent, dont effectivement j'avais été involontairement la cause; mais, comme elle était bonne femme au fond, que d'ailleurs le mal était sans remède, et que je m'efforçai de l'adoucir par mes soumissions et mes excuses, elle finit par se calmer..... en pensant sur-tout à la protection dont nous avait flattées le laquais de monsieur l'abbé. L'espérance de me voir bientôt employée pour la bouche, la fit désister de la résolution qu'elle avait formée de me fixer plus bas; mais elle ne perdit pas l'idée de se donner un adjoint.

Elle avait, comme tous les artistes distingués, la noble ambition de vouloir former au moins un élève. Voyant donc qu'elle ne pouvait plus compter sur moi, elle chercha de côté et d'autre un sujet mâle ou femelle qu'elle pût faire dépositaire et successeur de son talent et de sa réputation.... Car un nouveau venu, en métier comme en noblesse, s'ente et profite sur un nom ancien et recommandable, comme, quoiqu'à l'inverse, un arbre de bonne race sur un sauvageon.

Elle fixa enfin ses vues sur un jeune homme, fils d'une de nos voisines, qui depuis quelque temps venait passer les soirées chez nous, et nous faisait des lectures de romans et de journaux qui amusaient beaucoup ma tante.

Elle lui fit d'abord beaucoup valoir, comme elle avait fait à moi, les prérogatives et les revenant-bons de cet intéressant métier, l'assurant qu'outre les honoraires ou rétributions fixes et connues pour la positure et le poussement de

la seringue, il y avait encore des profits
secrets qu'elle lui ferait connaître en
temps et lieu, comme par exemple
dans la fourniture des lavemens, manipulation des drogues, composition des
tisanes diurétiques, laxatives, rafraîchissantes, etc..... Elle le pérora si bien
enfin, qu'elle le détermina à lui servir
d'aide, et à opérer sous son inspection,
en attendant qu'il fût assez profond et
adroit pour voler de ses propres ailes.

Elle le mena donc avec elle chez ses
malades, et commença à lui faire étudier
la carte des pays-bas. Pour moi, afin de
me mettre aussi en état d'exercer dignement mon autre office, quand monsieur
de Lafleur, le valet de monsieur l'abbé,
me l'aurait procuré, comme il l'avait
promis, elle se remit à me donner régulièrement le matin et le soir des leçons
de cuisine ; et comme j'avais plus de
goût pour cette science-là que pour l'autre, je fis des progrès rapides, et je fus en
peu de temps en état, non-seulement de

faire assez de ragoûts et de sausses pour une petite cuisine, mais même de faire *danser l'anse du panier* dans une grande.

L'élève en pharmacopolerie mordait de même sur sa partie ; et comme les grands talens, ou du moins ceux qui doivent devenir tels, s'annoncent d'avance par des dispositions, des indications qui percent dans toutes les occasions, ce jeune néophyte, depuis son introduction dans l'état du canon, s'occupait continuellement de ses augustes fonctions ; il ne pensait, ne parlait et ne rêvait que de seringues, de canules, de clystères et d'anus........ Tous les soirs, après la rentrée de ma tante qu'il accompagnait chez nous, la conversation ne roulait jusqu'à la nuit (parce qu'alors ma tante se partageait entre lui et moi) que sur nos deux états ; ce qui, par nos interrogations et ses réponses, qui se croisaient de l'un à l'autre, formait l'assemblage et le *quiproquo* le plus baroque de ragoûts et de lavemens, de pot-au-feu et d'orge mondé, de fricassées de poulets et de miel rosat, de casseroles et de seringues, de pâtés de Godiveau et de décoction de jacinte...... De sorte qu'un écouteur à la porte, se serait donné au diable pour deviner s'il était à l'entrée du laboratoire du pharmacien Cadet, ou de la cuisine d'un fermier-général.

Ma bonne tante s'endormait en nous distribuant ainsi ses instructions, et le jeune homme alors, qui auparavant s'était borné à me serrer la main et à me dire bonsoir en se retirant, devenu plus hardi depuis que ma tante l'avait poussé dans le monde, s'émancipait jusqu'à m'embrasser....... Permission qu'il me demandait toutefois, pour se dédommager, me disait-il, de n'avoir pas vu un visage dans toute sa journée....... et il s'allait coucher, et je réveillais ma tante qui se couchait aussi, et moi de même, pour recommencer à rêver tous les trois, le jeune homme, lavement, moi, cuisine, et ma tante tous les deux.

Or il advint qu'un beau matin notre nouveau et enthousiaste canuliste entra dans notre chambre pour prendre les ordres de ma tante, et l'accompagner à son ordinaire dans ses visites secrètes : il avait à la main sa seringue qu'il ne quittait jamais, car même, tel qu'un brave qui, en se couchant, met son épée sous son chevet pour être toujours prêt au combat, le jeune Anodin (nom que ma tante lui avait substitué à celui de Blondin qui était son véritable) faisait reposer à côté de lui, en dormant, l'instrument honorable dont il attendait et profit et renommée.

Ma tante, qui ce jour-là, par hasard, n'avait ni estomac à soulager, ni colique à appaiser, ni bas-ventre à rafraîchir, ni intestins à détortiller...., était sortie pour ses affaires particulières, ou même, je crois, pour des pratiques de dévotion, car, sur ses vieux jours, la perspective de la mort commençait à la rendre scrupuleuse sur beaucoup d'articles qu'é-

tant plus jeune elle avait traités de
mièvretés.

Le jeune Anodin entra donc avec sa
seringue, comme j'ai dit, et ne voyant
pas ma tante, il se hasarda, sans permission cette fois, à me donner un baiser,
en me disant cependant pour excuse
qu'il pouvait bien faire le matin, en
l'absence de ma tante, ce qu'il faisait le
soir en sa présence......

« Oui! mais, lui répliquai-je, en sa
» présence quand elle dort. Eh bien!
» répondit-il, sa présence, quand elle
» dort, est comme son absence, quand
» elle n'y est pas ; par conséquent il
» n'y a pas plus de mal à l'un qu'à
» l'autre ».

A cette vive répartie je ne sus que
dire, et je supposai qu'il avait raison,
puisque personne n'était là pour lui donner tort..... D'ailleurs il était gai, aima-
ble, complaisant pour ma tante qui
l'aimait beaucoup, et pour moi à qui il
ne déplaisait pas....... Je ne lui fis donc

C.

pas un crime de cette liberté, que je lui laissai même reprendre une seconde fois, pour lui prouver, comme il me le demanda, que je ne lui savais pas mauvais gré de la première.

Alors, pour tuer le temps en attendant le retour de ma tante, nous nous mîmes à parler des deux seules choses que nous savions et qui nous intéressaient, cuisine et lavement.

Quant à la cuisine, il me ferma la bouche en me disant qu'il n'en savait pas assez pour me répondre et m'être utile.... mais que sur son article à lui, je pouvais lui être d'une véritable utilité.

« Je ne le crois pas, lui dis-je ; j'ai
» toujours eu pour cet état une aversion
» décidée, et je ne saurais pas vous en
» dire un mot qui puisse vous être pro-
» fitable.

» Mais, reprit-il en jouant toujours
» avec sa seringue, je ne demande pas
» non plus que vous m'en parliez, mais,
» avec un peu de complaisance, vous

» pourriez me favoriser pour répéter les
» leçons que votre bonne tante m'a
» données...... Je suis encore bien no-
» vice, et peu au fait pour placer la
» canule ; d'ailleurs, avec ces hommes
» d'église pour la plupart, ou ces graves
» conseillers, ou ces grossiers richards,
» ou ces insolens parvenus, ou ces
» vieilles bigottes... je suis tout honteux,
» et je ne me donne pas le temps ou la
» hardiesse d'ajuster, de sorte que pres-
» que toujours je manque mon coup, et
» je reçois des affronts, et votre tante
» des réprimandes ; mais si vous vouliez,
» vous main'selle, avec qui je suis plus
» libre, avoir la complaisance de vous
» prêter un peu, seulement pour que je
» puisse prendre le temps et les dimen-
» sions..... Une épreuve comme ça de
» pratique me vaudrait mieux que dix
» leçons de théorie.

» Comment ! lui dis-je, toute étour-
» die de sa proposition, qu'est-ce que
» vous me demandez donc ?...... de me

» donner un lavement, à moi, qui n'en
» ai que faire et qui me porte bien !...
  » Oh! je le vois bien, et j'en suis
» bien aise, et que Dieu vous conserve
» toujours la santé ! reprit-il vivement,
» mais je ne veux pas vous en donner
» non plus ; je n'en ferai que le sem-
» blant....... d'ailleurs il n'y a rien dans
» ma seringue ;...... tenez, voyez plu-
» tôt...... C'est seulement comme un
» temps d'exercice que je veux répéter
» pour attraper le tact, comme on dit,
» et acquérir de l'habileté à rencontrer,
» ajuster et placer ; ça fait trois mou-
» vemens essentiels, et puis après ça
» on pousse...... Mais c'est que quand
» on n'est pas bien au fait, comme moi,
» on tâtonne, on fait languir le malade,
» et ça l'impatiente. Oh ! prêtéz-vous,
» je vous en prie, ma bonne petite
» amie, c'est pour faire plaisir à votre
» tante, qui voudrait déjà me voir plus
» avancé que je ne suis, parce que je
» la soulagerais bien dans sa besogne,

» au lieu qu'à présent elle n'ose presque
» me confier aucune expédition d'im-
» portance ».

Enfin il me déduisit si naïvement et si sensiblement ses raisons, que je ne pus me défendre de cet acte de complaisance, sur-tout en pensant que c'était entrer dans les vues de ma tante, qui ne désirait que l'avancement de son élève; et après m'être bien assurée qu'il n'y avait rien dans sa seringue, car jamais je n'aurais voulu consentir à être véritablement clystérisée..... je me plaçai donc sur le pied du lit de ma tante dans l'attitude favorable à son désir, et lui m'ayant bien et dûment retroussée, se mit de même en posture et présenta sa seringue.

Il commença par chercher à ajuster.... Le mouvement de ses doigts, qui me chatouillaient en tâtonnant pour s'assurer, apparemment, me faisait frétiller et dérangeait son instrument......... Lui-même occupé, disait-il, et même extasié à contempler des formes agréables, un beau contour, une peau fraîche, blanche, polie et satinée, qui ne sentait pas du tout sa malade, éprouva un redoublement de santé qui lui fit trembler la main; la seringue lui échappa..... Je ne sais comment il fit pour la retrouver ou la remplacer, mais je lui criais qu'il prît garde, et qu'il se trompait, que la canule était trop grosse...... Il poussait et enfonçait toujours, si bien que malgré mes objections et la chute de la seringue, le lavement allait parvenir à sa destination, lorsque ma tante entra subitement et nous surprit tous deux en notre double fonction active et passive.

Toute préoccupée de son état, ses premières pensées, comme ses premiers mots, furent d'approbation, et la vue de mon postérieur tourné vers son élève, la fit équivoquer aussi. « C'est fort » bien, mes enfans ! dit-elle, j'aime à » voir qu'on s'exerce; c'est-là le moyen de » parvenir. Je l'ai toujours bien jugé,

» Anodin a, des dispositions étonnantes
» pour cette partie-là, et il y fera son
» chemin ».

Mais approchant de plus près, et
voyant la seringue à terre, elle commença à soupçonner un *quiproquo*; et
de suite ayant mis ses lunettes, elle,
plus connaisseuse que moi, ne put se
méprendre à la canule.

« Comment, petit misérable! dit-elle
» à mon clystériseur, en s'assurant de la
» main plus encore que des yeux :
» comment, petit effronté scélérat !
» sont-ce là les lavemens que je vous
» ai appris à insinuer ?...... Et vous,
» petite dévergondée, il me paraît que
» ce jeu-là vous plaît plus que l'autre,
» et que vous aimez mieux en recevoir
» qu'en donner !

» Eh mon Dieu, ma tante, dis - je
» en me relevant et recouvrant les
» parties que j'avais encore à l'air, c'est
» par complaisance pour vous et votre
» élève; mais vous vous fâchez tou-

» jours, quand je veux et quand je ne
» veux pas. Dame, moi, je ne sais
» plus comment faire pour vous con-
» tenter ».

Une paire de soufflets bien appliqués
sur mes deux joues, qui étaient à la
portée de ses deux mains, lui tint lieu
d'une réplique que la colère l'empêchait de trouver à la portée de sa langue ; et le zélé, mais déconfit Anodin,
qui la vit venir sur lui avec la seringue
qu'elle avait ramassée, se sauva vite
en se contentant de remporter sa
canule.

Tout l'orage se concentra donc sur
moi seule, qui ne comprenais rien au
courroux de ma bonne tante, et qui
l'irritais toujours davantage en lui répétant que je ne m'étais prêtée que pour
lui faire plaisir, et qu'il y avait con-
tradiction dans ses principes..... Heureusement pour moi, monsieur de Lafleur entra justement au plus fort moment de sa fureur, et me sauva la plus

grosse part de la débâcle qui me me-
naçait encore.

A son aspect, ma tante fit sans doute
une réflexion de prudence qui servit à
la calmer, de même qu'un coup de
fusil tiré dans une cheminée enflammée,
en éteint soudain le feu. Elle pensa
vraisemblablement qu'elle ne devait pas
lui laisser savoir ce qui venait de se
passer entre l'apprenti apothicaire et moi;
mais ses réponses équivoques et énigma-
tiques pour moi, qui étais vraiment
bien innocente, continuèrent à me
prouver qu'elle m'en voulait toujours,
et qu'apparemment j'avais fait un gros
mal sans le savoir. Monsieur de Lafleur
venait pour nous apprendre qu'il m'a-
vait trouvé une condition, et demanda
à ma tante si j'étais en état de me
présenter.

« Oh que oui, allez, lui répondit-elle
» brusquement, mam'selle n'est pas
» gênée pour se présenter.

» Eh mais! lui dit-il, remarquant
» son ton brutal, et voyant rouler des
» larmes dans mes yeux, qu'avez-vous
» donc toutes deux? Il y a de la mau-
» vaise humeur sur jeu! Est-ce que la
» charmante Suzon vous aurait gâté une
» sauce? — Ouï dà, vous y êtes. Si
» je n'étais pas arrivé à temps, elle
» allait m'en faire une belle! — Com-
» ment donc ça? une sauce piquante?
» — Oh oui, et des plus piquantes
» même » !

Lui qui voulait rire pour faire diver-
sion à l'humeur de ma tante, ajouta
gaiement : « Ah! aux cornichons, sans
» doute? Eh mais oui, positivement,
» reprit-elle; c'est le goût de mam'selle.
» Mais comme elle n'est pas encore
» assez avancée pour ça, c'est juste-
» ment ce que je lui défends, moi,
» d'employer des cornichons. — Ah!
» vous voulez qu'elle s'en tienne aux
» sauces blanches! — Eh! laissez-nous
» donc tranquilles, vous, avec vos sau-

» ces !....... — Dame, c'est que dans
» celles-là il y a un tact à connaître
» pour bien attraper la liaison. — Oh !
» elle l'attrape assez ben; mais je ne
» veux pas de ces liaisons-là, moi,....
» souvenez-vous-en, mam'selle ! — Mais
» enfin que sait-elle donc faire de bien ?
» Est-elle capable de servir un bon rôti,
» d'embrocher un gigot de mouton, un
» carré de veau ? — Ah ! pardine, ce
» n'est pas la broche qui la fera re-
» culer. — Sait-elle faire un bœuf à la
» mode, piquer, larder une pièce ?
» — Ouï, ouï, la lardoire ne l'y fait pas
» peur non pus.

» En ce cas-là, dit monsieur de La-
» fleur, en voilà déjà assez pour un
» commencement, et je vais la présen-
» ter à ses nouveaux maîtres ». Et il
m'emmena, à ma grande satisfaction;
car l'air et le ton toujours rechignés de
ma tante me faisaient appréhender un
tête à tête avec elle.

Elle me laissa partir en m'enjoignant bien de ne pas avoir de complaisance en cuisine comme j'en avais eu en apothicairerie.

CHAPITRE IV.

Je déjeûne avec monsieur de Lafleur. Il veut me donner une leçon de cuisine.

SITÔT que nous fûmes hors de chez ma tante, monsieur de Lafleur me demanda de quelle complaisance elle voulait donc me parler, puisqu'il avait été témoin lui-même du refus obstiné que j'avais fait chez son maître...... et par où j'avais pu la fâcher si fort.

Moi qui y allais à la bonne foi, et qui aurais été très-chagrine de me voir soupçonnée d'un tort par celui qui me témoignait tant de bonne volonté, je lui avouai ingénuement que je croyais que ma tante avait quelque sujet particulier d'humeur, ou quelque lubie qui lui troublait l'esprit, puisque loin de me sentir coupable en rien, je n'avais

D.

cherché qu'à faire quelque chose qui lui fût agréable..... Bref, que ne pouvant pas prendre sur moi de donner de lavemens pour lui plaire, j'avais cru du moins devoir consentir à m'en laisser donner le *semblant* d'un par son élève.... et le tout pour contribuer à le former.

Ce mot de *semblant* que je venais d'employer, fournit à monsieur de Lafleur l'occasion de me faire plusieurs demandes inintelligibles pour moi, et auxquelles je ne pus répondre d'une manière satisfaisante apparemment ; car me questionnant toujours, et sur la seringue et sur la canule d'Anodin, que je n'avais pu voir, et sur la façon dont il s'était posté pour opérer, ce que je n'avais pas regardé non plus,.... et si le lavement avait pénétré....... Sur ma négative, il finit par me dire, en riant cependant, que ma tante avait eu raison de me défendre la sauce aux cornichons.

« Eh mais, monsieur ! lui dis-je, aussi

» piquée alors contre lui que contre ma
» tante, je ne conçois rien aux emblêmes
» que vous me faites ainsi qu'elle, et il
» n'y a pas eu de sauce dans tout cela.
» Tant mieux, reprit-il, et c'est bien
» heureux pour vous ! Mais vous l'avez
» échappé belle, et la bonne tante est
» arrivée fort à propos !....... Au reste,
» ma chère enfant, je vous conseille
» très-fort, et pour votre bien, d'ou-
» blier ce petit Anodin, et de ne plus
» recevoir des semblans de lavemens de
» personne ,...... à moins que ce ne
» soit de moi.

» Comment ! de vous, monsieur ?
» Est-ce que vous voudriez aussi vous
» destiner à cet état-là ? Est-ce que
» monsieur l'abbé, votre maître, vou-
» drait priver ma tante de son emploi
» pour vous le donner ?..... Ah ! ça ne
» serait pas généreux à vous d'aller sur
» ses brisées ; et puisque vous avez la
» bonté de vouloir faire du bien à la
» nièce, ayez donc encore celle de ne

» pas retirer à la tante son gagne-pain !

» Soyez bien tranquille, charmante
» et innocente Suzon, me dit-il en
» m'embrassant (car nous étions dans
» une petite rue où il ne passait per-
» sonne alors) je n'ai pas les inten-
» tions plus clystérisantes que les vôtres,
» et jamais je ne donnerai de lavemens
» à aucun homme. Je m'expliquerai
» avec vous sur tout cela quand nous
» allons avoir fait plus ample connais-
» sance ; mais vous n'avez sans doute
» pas déjeûné, car il est de trop bonne
» heure, et comme ce n'est pas encore
» le moment de vous présenter dans
» la maison où je vous conduis, nous
» allons entrer dans une auberge. Tout
» en mangeant un morceau pour vous
» remettre de la frayeur et du chagrin
» que vous a fait la colère de Gene-
» viève, je vous donnerai quelques pe-
» tites instructions préliminaires dont
» vous avez besoin pour le nouvel état
» que vous allez exercer ».

Sensible à l'intérêt qu'il prenait à moi, je le suivis sans rien répondre, mais remerciant intérieurement le ciel de m'avoir envoyé ce digne protecteur.

Nous nous arrêtâmes bientôt après chez un marchand de vin traiteur qui avait des petits cabinets fort propres, et monsieur de Lafleur en ayant choisi un et commandé un joli déjeûner, m'y fit entrer avec lui. La fenêtre donnait sur un petit jardin très-agréable ; il faisait fort chaud, et nous la laissâmes ouverte, tant pour avoir de l'air que pour jouir de la vue des fleurs.

On nous servit un charmant ambigu et d'excellent vin. Peu accoutumée à un ordinaire si délicat, et excitée par les prévenances de monsieur de Lafleur, qui garnissait toujours mon assiette et remplissait mon verre (avis que je donne en passant aux jeunes filles qui déjeûnent avec des hommes jeunes ou vieux) j'officiai de bon courage..... Les propos gais qu'il me tenait, assaisonnés toujours de complimens flatteurs sur ma figure, sur ma taille, enfin sur toute ma personne, m'ayant mis moi-même en très-belle humeur.... (qu'on prenne aussi garde à cela ; tous ces jolis moyens-là nous enivrent encore plus que le vin) j'oubliai bientôt la tracasserie que ma tante m'avait faite, et le conseil qu'elle m'avait donné en me quittant, de n'avoir plus de complaisance ; et toute pénétrée des bons procédés de monsieur de Lafleur, je pensais au contraire que je n'en saurais avoir assez pour lui.

Sous prétexte de la chaleur, il m'avait débarrassée de mon fichu, et la blancheur de mon cou et de mes épaules m'avait déjà valu de nouveaux éloges. Ma gorge même, qui commençait à se montrer avantageusement, avait aussi été l'objet de son admiration, et innocemment je le laissais regarder et toucher tout cela, parce qu'en même temps il avait l'attention et l'adresse de me dire, comme ma tante, qu'il ne

fallait le laisser toucher à personne. Le
moyen de se défier d'un *mentor* qui
vous donne de si bons avis !..... D'ailleurs
l'amour propre...... d'ailleurs le vin....
(car je commençais à être en pointe)
prêtaient encore à la situation, et con-
tribuaient à lui faire plus beau jeu.

Voulant pourtant donner à ses gestes
familiers une apparence de nécessité,
il me mit sur le chapitre de la cuisine ;
et pour juger de ma science, lui qui,
disait-il, était expert en cette partie, et
joignait à la qualité de valet de cham—
bre de monsieur l'abbé, celle de son
cuisinier, il me questionna sur différens
ragoûts et accommodages, et rabattit
enfin sur l'embrochage et le retrousse—
ment d'une pièce de volaille.

N'étant pas content de mes réponses
sur cet article, il dit qu'il allait me donner une leçon, et pour me la rendre
plus sensible par des exemples, s'appliquer d'abord à me faire bien observer
les jointures des membres....... Mais

comme nous n'avions pas de volaille
pour servir à ces démonstrations, il
ajouta en plaisantant qu'une jeune et
jolie fille comme moi, fraîche et gras-
souillette, pouvait bien figurer une poularde, et qu'il m'allait faire remarquer
sur moi-même tous les détails de l'o-
pération.

J'éclatai de rire à cette proposition,
aussi folle que ridicule, et sans y entendre malice, mais seulement pour le
prendre en défaut, je consentis à le
laisser démontrer. Il me faisait toujours
boire à bon compte, et la jeune fille
commençait à n'avoir guères plus de
raison que l'oiseau qu'elle allait repré-
senter.

Il me tira les bras nus hors de mes
manches, et me les retournant doucement par-dessus mes épaules qu'il baisait
par occasion : «Voilà, dit-il, comme on
» place les ailes; quelquefois on coupe
» ces extrémités-là », en donnant de
petits coups sur mes mains et sur mes

pieds : « Mais ici ce serait dommage , et
» nous conserverons tout. Après , voici
» comme on arrange les cuisses » ; et sa
main préceptorale arrangeait en même
temps : « On met une barde ici dessus
» et une autre par là , et ensuite on em-
» broche par ici ». Alors, emporté par
l'intérêt qu'il mettait à sa leçon , je ne
sais avec quoi il figurait déjà la broche...
quand ma chère tante , que le hasard
avait amenée pour ses fonctions dans la
maison d'un malade tout vis-à-vis du
cabaret où nous étions , se mit à la fenêtre
pour vider un bassin, et plongeant direc-
tement sur la nôtre toute grande ouverte,
elle aperçut sa pauvre nièce que l'on
métamorphosait en poularde.

Elle jeta un cri perçant , et du même
temps nous lança le bassin tout rempli
qu'il était. Il me tomba juste sur le milieu
du corps , et s'y étendit désagréable-
ment, en guise de la barde que monsieur de Lafleur n'avait fait qu'indiquer.

Cette immersion subite et fétide , ainsi

que le contact douloureux du vase, nous
rappelèrent soudain tous deux, monsieur
de Lafleur à la prudence, et moi à la
raison et au repentir assez tardif, il est
vrai, mais du moins encore à temps pour
me sauver de plus grand mal. Il est pourtant heureux, me disait-il encore, que
vous étiez découverte, ça fait que vos
habillemens n'en seront pas gâtés. Je le
repoussai vivement, et m'essuyant de ce
déluge infect, et me rajustant de mon
mieux, je commençais à lui adresser des
reproches amers et bien mérités sur son
inconséquence et les libertés indécentes
qu'il venait de prendre, lorsque ma tante
entra furieuse pour partager entre nous
deux les apostrophes les plus énergiques.

Sa distribution ne fut pourtant pas
égale, car ne pouvant nous sermonner
tous deux à la fois au gré de sa colère,
elle se contenta d'agir, avec la langue,
sur lui qui était le plus coupable, tandis
que ses pieds, ses poings et ses ongles
marquaient et terminaient toutes ses

périodes sur les différentes parties de mon corps.

Monsieur de Lafleur cependant, se reprochant d'être auteur de tout le scandale et de ses suites violentes, par l'abus qu'il avait fait de ma simplicité, se mit entre ma tante et moi, et, au risque de rembourser à ma place quelques-unes des gourmades dont elle me régalait si libéralement, il prit tout sur son compte, lui avouant lestement que tout ce qu'il en avait fait n'était que pour rire, et pour se convaincre par lui-même du degré de mon ingénuité qu'il lui assura être entière.

Au reste, ajouta-t-il, il était bien éloigné d'avoir eu aucun mauvais dessein, puisqu'au contraire, et d'après la preuve qu'il avait acquise par là de mon innocence, son projet était, sous son bon plaisir, de partager avec moi sa petite fortune actuelle qui était déjà en assez bon état, et qui ne pouvait que s'augmenter encore, et fort vîte, par les bontés que monsieur l'abbé, son maître, avait pour lui.

Ma tante fut un peu appaisée par cette explication à laquelle il donnait un grand air de bonne foi, par des caresses et des complimens qu'il sut adroitement lui faire à elle-même, et plus encore par l'aspect d'un pâté de jambon dont il la pressa vivement de faire l'ouverture, après lui avoir versé et fait avaler au préalable un grand verre de vin de Chably, excellent, disait-il, pour lui rasseoir les sens. Elle consentit enfin à s'attabler avec nous, et à oublier la leçon de broche, comme elle avait passé par-dessus celle de la seringue, mais en revenant toujours à son refrein favori, qui était la défense expresse de me laisser jamais endoctriner par d'autre qu'elle, dans tel talent que ce fût.

Cette seconde bourrasque ainsi heureusement calmée, la tranquillité revint parmi nous, et sans plus parler ni de lavemens ni de cuisine, on ne pensa plus qu'à boire et à manger.

On s'acquitta si bien de ce dernier et joyeux office, qu'en peu de temps l'ambigu, qu'à l'exception du vin nous n'avions fait qu'effleurer avant l'arrivée de ma tante, fut absorbé dans nos estomacs complaisans, où il se nicha comme repas préliminaire que monsieur de Lafleur nous offrait à compte du régal prépondérant qu'il devait nous proposer pour la disposition à la convention et à la signature de ses accordailles avec moi; car il faisait déjà entrevoir à ma bonne et crédule tante, ainsi qu'à moi, que ses vues se portaient uniquement là, sitôt, disait-il, qu'il serait parvenu à m'assurer un état.

La carte payée, il prenait congé de ma tante, et parlait de me conduire chez mes nouveaux maîtres; mais la fine Geneviève, dont la prudence sommeillait quelquefois un peu, mais ne s'endormait pas tout-à-fait, avertie d'ailleurs par la double expérience qu'elle venait de faire

E.

de ma grande simplicité, et du danger qu'il y avait à m'abandonner à moi-même, observa très-poliment à monsieur de Lafleur que quoiqu'elle eût en lui toute la confiance possible, et qu'il devait mériter après la déclaration si honorable pour nous qu'il nous avait faite de ses sentimens, elle croyait qu'il serait plus décent que sa nièce fût présentée en condition par-devant elle, que par un jeune homme tout seul, et qu'en conséquence elle allait nous accompagner.

Monsieur de Lafleur voyant qu'elle était décidée à ne pas démordre de l'article de la société, pensant d'ailleurs en lui-même qu'il retrouverait d'autres occasions plus avantageuses de tête à tête avec moi, ne s'obstina plus à me conduire seul. Nous partîmes donc tous les trois, après qu'il eût obtenu de ma tante, en l'embrassant la première, la permission de m'embrasser aussi pour preuve de notre triple et sincère réconciliation.

CHAPITRE V.

Je suis présentée chez un procureur.

Nous arrivons chez le *monsieur* et la *madame* dont monsieur de Lafleur me faisait espérer de diriger la cuisine. Ce monsieur était un procureur qui faisait les affaires de monsieur l'abbé, maître de mon introducteur, et la femme était madame la procureuse : ils étaient à déjeûner ensemble.

Si l'on veut ici, pour que je ressemble à tous les romans faits ou à faire, avoir les portraits de ce couple dont je vais recevoir et exécuter les ordres, je puis les faire aisément, non sur ce que j'en vis alors, car au premier moment de mon arrivée, honteuse et étourdie des semonces que ma bonne tante m'avait faites en chemin, je restai derrière la porte, et ne pus d'abord connaître de ces futurs maîtres que la voix ; mais ayant eu depuis le temps d'examiner leurs figures, et d'apprécier leurs senti-mens, je puis en faire la double des-cription.

Monsieur le procureur était un homme de cinquante ans environ, l'air encore assez frais, mais d'un maintien tartuffe au premier abord, par l'habitude que les gens de cette profession ont de vouloir en imposer, et voir venir les autres. Des yeux très-vifs et très-perçans, recouverts de sourcils noirs et épais qui leur don-naient un regard à double entente, vous épluchaient et vous scrutaient toute une personne, avant que sa langue se fût mise en frais pour un seul mot ; mais lorsqu'ensuite elle avait pris son tour, elle se dédommageait amplement du petit retard que la politique lui avait imposé. Un cou tors et engoncé, un ventre épais, des jambes engorgées et arquées, s'emboîtant dans des genoux

cagneux; une voix rauque quoique gla-
pissante par intervalle, sur-tout dans les
finales.... manière qu'il avait contractée
sans doute par ses éloquens plaidoyers
dans le barreau, qui, tout en étendant
sa réputation et grossissant sa fortune,
avaient affaibli et détérioré ses organes.
Tel était son premier aperçu physique :
quant au moral, on le jugera par le
compte que je rendrai de sa conduite
pendant le temps que je fus à son
service.

Madame la procureuse, qui paraissait
avoir trente-cinq à quarante ans, était
maigre et pâle, mais sans l'air de maladie, car elle mangeait et buvait solidement (sur-tout quand elle assistait à
des repas qui ne lui coûtaient rien). Des
gens plus au fait que moi, et des tempé-
ramens et des symptômes, m'ont appris
depuis, que cela provenait d'une certaine
chaleur de foie.... qui, concomitant avec
de certaines privations...... entretenait
en elle un certain appétit...... qui, de

l'intérieur exigeant et pâtissant, se manifestant au-dehors..... mais je vois que je m'embrouille dans les définitions, et je ne suis pas encore assez savante pour achever celle-ci. Que le lecteur bénévole et plus instruit que moi, supplée donc de lui-même ce qui peut y manquer. Tant y a que madame la procureuse, grande brune à l'œil bien fendu et en coulisse, était maigre, pâle et même presque jaune..... Et cependant il y avait quatre clercs dans l'étude..... mais ce n'est pas encore là le moment de parler d'eux : chaque chose viendra à sa place, et il ne doit être question à présent que de ma présentation, et des deux individus devant qui elle eut lieu.

Monsieur de Lafleur entra le premier dans le cabinet où cet intéressant couple était assis auprès d'une petite table sur laquelle était un caraffon de vin d'Espagne pour monsieur, avec du beurre et des raves, et une tasse de chocolat pour madame ; plus, un saucisson qui, par sa place équivoque et aussi proche de l'homme que de la femme, ne me permit pas de décider au juste à qui des deux il était destiné..... Mais cet article-là n'est pas encore de la compétence de ma narration : allons au fait.

Sitôt que monsieur de Lafleur fut devant les époux, il leur tourna joliment et en bref un petit compliment analogue et à double fin, dont le résultat fut : « Et voilà une cuisinière que je vous » amène ».

Ma tante qui, en raison de son âge et de sa qualité, marchait immédiatement après notre introducteur, parut en même temps et fit une petite demi-révérence d'un air de prétention : ce qui n'était pas fierté de sa part, mais l'habitude de voir toujours les plus grands personnages s'humilier devant elle.

« Ah ! double contrôle » ! s'écria le procureur, en grimaçant et redescendant un verre de vin que sa main montait à sa bouche « je ne peux pas avaler

» celui-là !........ Comment, morbleu !
» voilà ce joli sujet que vous m'avez an-
» noncé ! Mieux valait ne pas comparoir,
» et vous laisser condamner par défaut ;
» elle est trop vieille, et je n'en veux
» pas : néant à votre requête, débouté
» et hors de cour.

» Trop vieille ! dit monsieur de Lafleur surpris, et sans se retourner, ni
» voir que ma tante seule était der-
» rière lui.

» Trop vieille ! reprit aigrement dame
» Geneviève, ah ! apprenez que telle
» qu'on est, on ne se donnerait pas
» encore pour ben des jeunesses !........
» Mais ce n'est pas moi, mon bon
» monsieur, qui veux être vote cui-
» sinière ; non que je n'en sois ben ca-
» pable pourtant, car sans vanité je
» l'ai été dans des maisons qui valaient
» un peu mieux que la vôtre, da !......
» Je ne vous dis pas ça par mépris,
» mais c'est que vous non plus, il ne
» faut pas dédaigner les gens pour leur

» âge..... Au surplus, c'est de ma nièce
» qu'on vous a parlé, et que v'là ».

Et elle vint me prendre derrière la
porte où j'étais encore toute confuse,
et me fit avancer.

« Oh! je n'en veux pas, cria à son
» tour vivement la procureuse, elle est
» trop jeune. Si fait bien moi, j'en
» veux, reprit le procureur, en se dé-
» ridant..... Ah! parlez-moi de celle-
» là. C'est positivement comme cela
» qu'il me la faut. Approchez, mon
» enfant, et n'écoutez pas madame.
» C'est moi qui suis le maître ici, et
» qui paie les gages. — Oh! monsieur,
» contentez-vous de choisir vos clercs,
» et de les renvoyer à propos de botte,
» comme vous faites si souvent; moi,
» je veux avoir l'inspection sur les
» femmes qui entrent ici. — Madame,
» mes clercs sont chez moi pour faire
» ma besogne, et si je les renvoie, c'est
» qu'apparemment je trouve qu'ils n'en
» font pas assez...... ou même quelque-

» fois trop..... Et vous , mademoiselle ,
» la première chose que je vous recom-
» mande , c'est de ne jamais jouer avec
» eux.

» Ah ! dit monsieur de Lafleur, c'est
» une fille très-vertueuse , très-scrupu-
» leuse même ; car un jour je l'ai vue
» refuser à monsieur l'abbé , mon maî-
» tre..... Oh ! oh ! contez-moi donc ça ,
» dit en ricanant le procureur. Allons ,
» déjà des histoires scandaleuses ! reprit
» la dame , en faisant signe à monsieur
» de Lafleur de se taire..... Eh ! mon
» mari , vous êtes d'une curiosité !......
» —Et vous, ma femme, d'un ridicule !...
» —Mais ne voyez-vous donc pas que
» cette jeune fille rougit ?.... —Eh bien,
» tant mieux , c'est de bon augure , et
» ça m'intéresse à elle ; et il ajouta bas
» à Lafleur : vous me conterez ça une
» autre fois , mon ami , je veux con-
» naître cet épisode-là.

» Oh ! madame , dit ma tante , je peux
» vous répondre de Javotte. Ses incli-

» nations sont droites, et si jamais elle
» péche, ce ne sera que par ignorance;
» mais je vous promets de la surveiller.
» — A la bonne heure, car c'est bien
» scabreux; et nos clercs sur-tout, sont
» de terribles pierres d'achoppement
» pour la vertu des filles! — Ah! ah!
» madame, vous en savez donc quel-
» que chose? Je prends acte de cet
» aveu-là, et j'y mettrai bon ordre.
» Le premier qui la regardera seule-
» ment, son congé est au bout de ce
» coup-d'œil là...... Mais en voilà assez
» pour le moment; ma fille, je vous
» prends à mon service, et vos gages
» courent d'aujourd'hui, que cela con-
» vienne à ma femme ou non. Pour
» vous, la bonne tante, je vous dispense
» de nous rendre de fréquentes visites.
» Je vous ai déjà dit que je n'aimais pas
» la vue des vieilles femmes.

» Eh! là, là, monsieur, reprit Gene-
» viève en se redressant une seconde
» fois, ne rebutez donc pas tant les

» vieilles.... Vous ne direz pas toujours
» fi de moi, peut-être; et pour peu que
» votre estomac se dérange, vous serez
» bien aise de me trouver là, sans me
» regarder. Je ne vous en dis pas da-
» vantage..... Mais si le bon Dieu pou-
» vait vous envoyer seulement une bonne
» colique, ressouvenez-vous de la mère
» Geneviève, et vous verrez ce qu'elle
» sait faire ».

Là-dessus monsieur de Lafleur ayant
expliqué au procureur que ma tante
était une virtuose en son genre, il fut
convenu qu'elle aurait la permission de
venir me voir une fois par semaine,
tant pour s'informer de ma conduite
que de l'état des bas-ventres des deux
époux. Elle se retira avec monsieur de
Lafleur, qui lui donna le bras, et je
fus conduite par le procureur et installée
dans sa cuisine.

CHAPITRE VI.

Quiproquo d'un lavement. Grand déchet
pour ma tante.

Ma tante rentrant chez elle, trouva un billet qu'on avait glissé dans sa serrure, qui l'avertissait qu'elle eût à se rendre au plutôt chez le révérend père prieur des Carmes, pour des besoins pressans concernant ses fonctions.

Elle était alors dans un état un peu équivoque, car monsieur de Lafleur, qui voulait à tout prix gagner ses bonnes grâces, afin d'avoir un libre accès auprès de moi, lui avait fait faire en revenant de chez le procureur une seconde station à l'auberge où nous avions déjeûné, et l'avait pansée noblement. Ma tante, quoique fort raisonnable, et naturellement très-ménagère, n'en était que plus disposée à profiter d'une belle occasion quand elle se présentait. Elle s'était donc d'autant plus volontiers abandonnée à celle-ci, qu'elle avait calculé qu'un bon déjeûner et un bon dîner la dispenseraient d'un mauvais souper.

D'après l'injonction du billet, elle se disposa promptement à aller rendre ses devoirs au révérend prieur des Carmes, elle partit munie de sa seringue, et arriva au couvent.

C'était le lendemain d'une fête qu'on avait célébrée aux Chartreux, où le prieur des Carmes avait été invité par les gros bonnets de l'autre ordre, et où la chère avait été complète en poisson, car on sait que c'est la nourriture habituelle et exclusive de ce couvent. Or comme il est naturel de se dédommager d'une privation par une jouissance, ces bons moines auxquels le gras est défendu, se consolent dévotement par la qualité et la quantité du maigre :

Il est avec le ciel des accommodemens.

Le prieur carme, pour qui c'était vraiment un régal, s'en était donné à cœur-joie, comme on dit.... Mais peu accoutumé à ce régime, son estomac, donc la capacité ou la chaleur n'avait pu répondre à sa gourmandise, avait bien reçu tout ce qu'il avait plu à sa bouche de lui voiturer, mais n'avait pas su le digérer..... de sorte qu'une moitié d'esturgeon qu'il avait voulu emballer de trop, disputant pour trouver place avec les poissons préoccupans, il en était survenu un gonflement, un engorgement ,.... bref, des crispations, des contractions, et enfin tous les tenans et aboutissans d'une indigestion bien conditionnée. Les douleurs étaient violentes, et l'urgence des remèdes augmentant de moment en moment, il n'y en avait plus à perdre, et le révérend était déjà presque hors de connaissance.....

Pour comble de malheur, il n'y avait rien de préparé dans son appartement; le prieur, peu sujet à ces sortes d'accidens , ayant toujours eu la précaution de garnir plutôt ses armoires de confortans , de restaurans et d'échauffans , que de rafraîchissans et d'évacuans. Ma tante qui croyait trouver les laxatifs tout disposés , n'avait apporté , comme j'ai dit , que l'instrument nécessaire pour les envoyer à leur destination , et le père pharmacien qui était sorti , avait emporté les clefs de l'apothicairerie du couvent.

Dans cette crise embarrassante , ma tante se rappela que dans la même rue et à quelques pas , il devait y en avoir une boutique.... Car consommée comme elle l'était dans cette partie, elle savait sur le bout de son doigt , et à en faire l'appel rue par rue , le nom et la demeure de tous les apothicaires qui existaient dans Paris et ses fauxbourgs. Elle y courut donc , ne doutant pas qu'elle n'y trouvât ce qu'il lui fallait tout prêt, parce que dans ces boutiques-là on tient toujours des lavemens à disposition , comme chez les limonadiers, du café devant le feu.

Effectivement, en entrant dans le laboratoire, elle aperçut deux seringues remplies, encore chaudes, et debout contre un fourneau. Le maître apothicaire n'y était pas; mais le garçon qui venait de les lui voir remplir, pensant naturellement que c'était pour cet office habituel, consentit à les laisser emporter à ma tante, sur-tout quand elle eut dit que c'était pour monsieur le prieur des Carmes; qu'elle l'avait engagé à lui donner sa pratique, et qu'il acquitterait les fournitures qu'on lui ferait, avec des fioles de cette fameuse eau (des Carmes) dont la composition avait donné tant de renommée à leur couvent.

Or il faut savoir à présent que l'apothicaire absent ne se mêlait pas seulement de pharmacie, et ne se bornait pas à l'humble région des pays-bas; mais s'étant lancé depuis peu dans la physique, il ambitionnait l'honneur de s'élever jusqu'aux plus hautes régions de l'air. Animé et guidé par les différens procédés des Robert, des Mongolfier et des Blanchard, il avait, à force de rêver, de calculer et de décomposer, imaginé une manière pour faire aussi envoler un globe. Il venait, en un mot, de finir cette nouvelle et intéressante composition ; il avait rempli ces deux seringues d'air inflammable, et avait été se promener ensuite pour se délasser de ses travaux, bien éloigné de se douter de la qualité du ballon qui allait servir à l'expérience qu'il avait projetée.

Ma bonne tante qui ne soupçonnait pas non plus le brillant phénomène dont elle allait donner le spectacle, revint toute essoufflée chez le prieur, et se hâtant d'administrer ces remèdes, dont on attendait un effet si salutaire, elle lui injecta promptement jusqu'à la dernière bulle d'air contenue dans les deux seringues.

« Dieu soit loué, disait-elle, triom-
» phante, en se relevant et secouant les
» instrumens devant les assistans, je
» crois, mes révérends, et je me flatte
» que cela s'appelle des lavemens don-
» nés proprement et dans le dernier
» goût!.... Voyez, il n'y en a pas une
» goutte de perdue ».

Mais, ô prodige ! à peine eut-elle
articulé ces mots, que le corps du prieur
se gonflant comme un muid, s'enleva
de dessus le lit où il gissait, et s'envo-
lant au plafond malgré les efforts des
moines qui voulaient le retenir, cassa
le né à l'un, pocha un œil à un autre,
et enfonçant la porte de sa chambre,
enfila le cloître, de là l'église, et s'éle-
vant toujours, creva une fenêtre dans
les travées d'en haut, et disparut comme
un cerf-volant, à la vue de tous les reli-
gieux émerveillés. Les uns couraient
par le jardin en criant après lui, d'autres se prosternaient à genoux, et le
reste se mit à sonner les cloches du

monastère, ou pour annoncer ce miracle à tous les fidèles habitans du quartier, ou dans l'intention de ceux qui font battre la caisse pour retrouver un effet perdu.

A ce bruit, tout le monde accourut en foule et put jouir quelque temps de la vue du révérend père prieur, qui, comme un nouvel Elie, enfilait la route du ciel, à la différence cependant que le premier avait laissé tomber son manteau pour son disciple Elisée, et que ce dernier ne laissait tomber que ses culottes, qui retenues par ses mules, n'arrivèrent heureusement pas jusqu'à terre. Je dis heureusement, car il y aurait eu vraisemblablement bataille entre les moines pour savoir à qui ce précieux vêtement serait demeuré,..... à moins que pour s'accorder tous ils n'en eussent fait des reliques pour aider encore à mettre à contribution les dévots et crédules imbécilles du quartier.

Pendant que le prieur volait ainsi au

firmament pour s'y nicher comme une nouvelle étoile, les moines qui s'étaient trouvés dans sa chambre au moment de l'injection des remèdes, soupçonnant quelque maléfice nécromancien, avaient arrêté ma pauvre tante, et en l'injuriant et la brutalisant, la menaçaient de l'envoyer au pape et de la faire livrer à l'*inqui sition* pour être brûlée vive comme maudite sorcière...... Elle pleurait amèrement, et s'excusait sur ce que ce n'était pas elle qui avait composé les lavemens, ce qui était facile à vérifier. Mais les moines ne sont pas aisés à persuader, encore moins à attendrir, et l'on opinait au moins pour la renfermer à perpétuité dans un cachot souterrain.

Par bonheur pour elle, l'orgueil et le calcul d'intérêt, aussi puissans sur les *frocards* que la rancune et la vengeance, vinrent à son secours. Les plus politiques d'entre eux ouvrirent l'avis de profiter de cet événement extraordinaire pour confirmer à cette aventure l'air de

miracle qu'elle avait déjà. « Un prieur
» de Carmes enlevé dans le ciel en plein
» jour, à la vue de tout le peuple ! disait
» le père procureur, jugez donc quelle
» bénédiction pour notre couvent, et
» comme les aumônes vont nous pleu-
» voir de tous côtés !

» Oui, mais, reprenait le père infir-
» mier, qui était le plus rétif de la
» bande (sans doute par jalousie de ce
» que ma tante lui avait soufflé le noble
» privilége de l'introduction de la ca-
» nule), cette femme jasera, elle dé-
» truira la supposition du miracle en
» disant que c'est l'effet de son lave-
» ment...... ou même elle ira dans un
» autre couvent qui, envieux de notre
» bonheur, la paiera bien pour renou-
» veler la même épreuve sur un de
» leurs sujets qu'elle fera envoler pa-
» reillement. Ce couvent partagera avec
» nous la vénération du peuple, et qui
» pis est, ses aumônes et ses libéralités...
» Or tout bénéfice partagé diminue et

» devient bientôt à rien. Je conclus
» donc à ce que, pour jouir seuls de la
» faveur dont la providence nous gra-
» tifie, ou plutôt du bien que notre
» adresse et notre prudence peuvent
» nous procurer en cette occasion, la-
» dite clystériseuse soit séquestrée et
» mise hors d'état de nous causer ni
» inquiétude ni dommage ».

On alla aux voix, et le cruel avis de
ce féroce vénérable prévalait déjà ; car
qu'est-ce pour des moines que la liberté
ou même la vie d'un individu, mises en
comparaison avec les intérêts de leur
avarice et de leur momerie ?..... Déjà
l'ordre était donné pour enfermer ma
pauvre tante ; déjà le frère geolier s'a-
vançait pour la saisir et l'entraîner dans
un caveau, lorsqu'un tumulte étour-
dissant fit retentir la voûte de l'endroit
solitaire où s'était tenu ce mystérieux
et effrayant conciliabule. L'église, le
cloître, le jardin, le terrein entier du
couvent suffisaient à peine à contenir

l'affluence du monde qui se pressait pour entrer. Les moines qui avaient jugé ma tante, stupéfaits de ce bacchanale, coururent au-devant pour s'éclaircir de la cause de ce mouvement incroyable et indéfinissable. C'était le révérend père prieur que l'on ramenait.

Emporté dans son vol rapide, on ne peut juger jusqu'où il aurait été, si en passant sur la butte de Montmartre il n'avait été accroché par sa robe à l'aile d'un moulin qui, heureusement pour lui, était alors en panne. Il était donc resté là suspendu, et toujours dans la même attitude qu'il avait en partant, la culotte sur les talons.

Le meûnier, qui attendait le vent pour faire moudre du grain qu'on lui avait apporté, voyant la girouette s'agiter, et jugeant le moment favorable, fit sortir ses garçons pour garnir les ailes et les orienter. Le premier objet qui frappa leur vue, parce que le vent, qui soufflait déjà fort, enlevait la chemise du prieur, fut le postérieur béni qui se présentait, en guise de patène, à leurs dévots hommages.

Ces pauvres fariniers se signèrent d'abord d'effroi, pensant qu'il n'y avait qu'un suppôt de Satan qui pût leur offrir un pareil spectacle, et en telle place ; mais bientôt, apercevant le scapulaire, et pleins de respect pour la robe monacale, ils s'agenouillèrent dévotement et récitèrent tant bien que mal le *Pater* et l'*Ave*, qu'ils avaient appris de leur vicaire ; de-là ils allèrent chercher le curé, qui ayant entendu le cas, marcha en cérémonie avec son fourniment complet, escorté des marguilliers, suivi des bedeaux, et précédé du vicaire qui portait la croix, et du sacristain qui sonnait en avant, pour aller détacher et redescendre le très - saint et trèshumble......... mais très-enflé serviteur de Dieu.

G.

CHAPITRE VII.

Suite de l'affaire du lavement.

D'APRÈS la reconnaissance du saint uniforme, le curé s'était cru obligé de reconduire le prieur à son couvent, et sa petite escorte s'était grossie en chemin de tous ceux que la dévotion, la curiosité et l'extraordinaire du cas avaient amenés sur son passage et entraînés à sa suite....... et vraiment il y avait du miraculeux dans cette affaire, même pour ceux qui, n'étant pas instruits du voyage aérien que ce corps avait déjà fait, n'en considéraient que l'énorme volume. Effectivement, pour en avoir une idée, vu l'extension que la force de l'air inflammable avait donnée à toutes ses parties, on doit au moins se figurer le colosse du ci-devant saint Christophe à Notre-Dame, la métropole de Paris.

Aussi chacun, émerveillé du coup

d'œil, ne voyait cela que comme un véritable prodige. Les hommes admiraient en masse; les femmes, plus curieuses, entrant dans les détails et s'extasiant sur de certaines proportions (car malgré la modestie, les vêtemens n'ayant pas subi la même augmentation, ne pouvaient plus se refermer), s'écriaient: « Ah ! c'est miraculeux » ! Jusqu'à une vieille bonne femme qui, arrêtée pour voir passer le cortége, faisait faire des remarques à sa voisine, en lui répétant: « Voyez donc, mais voyez donc, ma » commère, voilà pourtant la preuve » que c'est bien vrai ce qu'on nous a » dit des Carmes » ! Et cette observation, qui ne tomba pas à terre, comme l'on dit communément, servit encore par la suite à propager la réputation des *pères* de cet ordre.

Le gigantesque prieur était enfin arrivé dans le couvent, et le peuple s'était écoulé petit à petit; mais des flots de curieux arrivant de nouveau, remplaçaient

à mesure les partans. Le révérend, déposé sur un fauteuil, cédait encore mo-
mentanément aux impulsions du reste
de l'air inflammable qui, malgré l'éva-
poration, garnissait encore son intérieur,
et se serait enlevé derechef; car deux
moines des plus robustes ayant essayé
de le contenir, furent soulevés avec lui
à quelques pieds; deux autres qui se
pendirent après les jambes de ces premiers, perdaient encore terre, et l'on
risquait de voir une enfilade de carmes
s'envoler ainsi, accrochés les uns aux
autres, si l'on ne s'était enfin avisé, en
les redescendant, d'attacher le fauteuil
du prieur et lui dessus, avec de fortes
cordes, après deux colonnes de pierre
qui décoraient sa chambre.

La connaissance ne lui revenait toujours pas, et ce qui avait paru d'abord
pouvoir se faire supposer comme un
miracle, risquait de finir par être scandaleux. Les plus prudens des moines,
voyant le besoin d'assoupir dès l'origine

cette histoire équivoque sauf à en tirer parti par la suite, opinèrent donc à commander à ma tante d'aller chercher l'apothicaire chez qui elle avait pris les lavemens......

Il vint au couvent, avoua la cause de l'accident, donna des secours au prieur *ballonné*, vint à bout de réduire son corps à son état naturel et à la santé, et il ne resta plus du prétendu miracle, l'enflure du moine détruite, que l'enflure de l'imagination du peuple, qui contribua encore quelque temps à enfler aussi les revenant-bons du couvent.

Le secret fut recommandé à l'apothicaire et à ma tante, sous peine de poursuite judiciaire, voire même d'excommunication et de damnation éternelle. Le couvent se referma, le peuple se retira, le pharmacien regagna son laboratoire, et ma tante son grenier; lui, en promettant de renoncer à la physique, puisqu'elle faisait envoler les

prieurs de couvent; et elle, en jurant
de ne plus seringuer d'ecclésiastiques
ou de moines, puisqu'on y risquait sa
liberté dans ce monde et son salut dans
l'autre.

CHAPITRE VIII.

Bataille dans la cuisine du procureur.

CETTE malheureuse et ridicule affaire donna beaucoup à penser à ma tante, qui à peine rendue chez elle, réfléchit, pesa et balança beaucoup pour déterminer si elle continuerait ou non l'état de la seringue. Des événemens bien moins conséquens l'avaient déjà fait renoncer à des emplois plus relevés. Sa conscience timorée lui faisait regarder comme un péché doublement mortel, et d'avoir fait, quoiqu'involontairement, voyager en l'air un prieur de Carmes, et d'avoir exposé son postérieur sacré aux regards profanes d'une tourbe mondaine, et la décidait presque à faire abjuration.... de l'autre, l'amour propre, car il est permis d'en avoir dans telle partie que ce soit, quand on y excelle, la rattachait à la canule, et la revissait plus que jamais sur la seringue.

Elle s'en remit enfin à se décider par les circonstances, et à voir si cet événement, qui faisait beaucoup de bruit, serait nuisible ou favorable à ses intérêts, en augmentant ou diminuant le nombre de ses pratiques.

Pendant que ceci se passait, j'étais dans la cuisine de mon procureur, et les deux premiers jours s'étaient écoulés assez tranquillement, sauf les vivres, dont on me faisait une part bien mesquine.

Le matin du troisième, monsieur de Lafleur vint me faire une visite. Il commença par m'apprendre l'histoire du lavement inflammable de ma tante, de l'éclat prodigieux qu'elle faisait dans le monde, et me fit craindre que cela ne lui devînt très-préjudiciable. Enfin il me remit sur le chapitre de son amour, me dit qu'il avait des propositions très-sérieuses à me faire pour le projet de

notre établissement, et qu'il venait me
chercher pour aller déjeûner avec lui
en un lieu où nous serions plus à notre
aise pour nous expliquer. Moi, qui me
ressouvenais de sa leçon de cuisine au
cabaret, et qui avais bien promis à ma
tante de ne me plus retrouver seule avec
lui en pareil endroit, du moins avant le
mariage, je lui répondis qu'il m'était
impossible de sortir, et que monsieur
le procureur me l'avait expressément
défendu.

« Eh! mais, reprit-il, prenez le pré-
» texte d'aller acheter quelque provi-
» sion dont on a toujours besoin dans
» une cuisine; je vais sortir devant, et
» vous attendre au coin de la rue. On
» gagne une heure comme ça, sans que
» ça paraisse. Oh! ce prétexte-là, lui
» dis-je, ne servirait à rien. Madame
» sort toujours avec moi pour cela.
» C'est elle qui achète et qui paie;
» moi, je ne fais que porter la marchan.
» dise. — Ah! la belle précaution de

» procureuse !..... Eh bien, dites-lui que
» c'est pour vous aller faire prendre me-
» sure d'une paire de souliers ou d'un
» casaquin, et je vous demanderai la
» permission de vous en faire le petit
» cadeau. — Non. Cette malice-là est
» encore prévue. Madame m'a dit qu'elle
» ne voulait pas qu'on me prît aucune
» mesure qu'en sa présence. — La peste
» soit de sa prévoyance ! Supposez-lui
» donc que votre tante est malade, et
» qu'elle veut vous voir. — Oh ! elle ne
» me le permettrait pas davantage, elle
» craint trop le mauvais air pour cela,
» et elle m'a même prévenue d'avance
» que si je tombais malade, j'irais me
» faire soigner hors de sa maison. — Le
» Diable l'emporte ! Puisse-t-elle attra-
» per une bonne fièvre elle-même !....
» Oh mais, pour le coup en voilà une
» immanquable ! dites - lui que c'est
» pour aller à confesse, que votre con-
» fesseur vous a remise à aujourd'hui
» pour vous donner l'absolution. — Ah

» ben, oui ! elle me répondrait ben vîte
» que si je fais d'assez gros péchés pour
» qu'on m'ait refusé l'absolution , elle
» ne veut pas d'un mauvais sujet comme
» moi chez elle. — Eh mais, morbleu !
» il n'y a donc pas de ressources ?
» — Oh ! non ; pour sortir il n'y en a
» aucune. Le mari et la femme m'ont
» déclaré tous les deux que je devais
» me regarder comme clouée ici. — Que
» Lucifer les y enchaîne , eux, ces
» maudits tyrans-là !........ Oh ! je vas
» vous chercher une autre condition que
» celle-là ; c'est trop incommode !.....
» Mais du moins je peux déjeûner ici
» avec vous. Ils ne seront pas scanda-
» lisés de m'y voir, peut-être bien ?
» — Dame, je ne sais pas ; mais comme
» ils ne me l'ont pas défendu, nous
» pouvons l'essayer ».

Monsieur de Lafleur se décida enfin
pour ce dernier parti. « Avez-vous la
» clef de la cave ? reprit-il, nous y des-
» cendrions ensemble. — Oh ! non. C'est

» monsieur le procureur qui la garde.
» — Oh le vilain ladre ! Je m'en doutais
» bien. Mais je vois un petit jardin là
» où il y a un berceau couvert ; allons
» nous y promener un instant. — Cela
» n'est pas possible non plus. Comme
» il y a beaucoup de fruits , le procu-
» reur en serre la clef avec celle de la
» cave. — Le chien d'homme a pris ses
» précautions sur tout ! Restons donc
» là , puisqu'il n'y a pas moyen de faire
» autrement.......... Ah mais ! à pro-
» pos , je m'avise encore. Je ne vois
» pas de lit ici. Vous avez donc une
» chambre ? — Oui , au grenier. — Ah!
» Dieu soit loué ! Au grenier soit. Nous
» y serons toujours plus tranquilles qu'ici,
» où tout le monde peut venir nous écou-
» ter. Montons-y , ma chère Suzon.
» — Ça ne se peut pas davantage. C'est
» madame qui me l'ouvre le soir pour
» me coucher : elle m'y enferme la nuit,
» et quand elle m'a rouvert le matin,
» elle emporte la clef dans sa poche.

» — Eh mais, ventrebleu ! vous êtes
» donc en prison ici ? — Oui : c'est bien
» à-peu-près la même chose. — Oh ! c'est
» trop fort ! et pas plus tard que demain
» je vous trouverai une autre maison, où
» on ne vous enfermera pas. En atten-
» dant, déjeûnons toujours, et si vos
» enragés de maîtres se fâchent, eh bien,
» tant mieux ; je vous emmènerai tout
» de suite avec moi. Y a-t-il quelques
» provisions ici ? — Oui, il y a du
» beurre, des œufs, du petit salé, et des
» pigeons pour faire une compotte pour
» leur souper. — Oh morbleu ! c'est
» excellent ; nous allons faire sauter tout
» ça..... Ils jureront, et c'est ce que je
» demande. Où tout ça est-il ? — Dans
» ce grand buffet-là, dont madame a
» toujours la clef aussi. — Comment,
» encore cette clef-là !...... Eh mais,
» comment faites-vous donc pour le fri-
» casser ? — Quand il est l'heure que
» je commence le repas, elle vient me
» donner ce qu'elle veut que j'accom-

H.

» mode. — Que le tonnerre la con-
» fonde ! C'est dit et décidé, vous ne
» resterez pas ici. Je m'en vais chercher
» du vin et du fricot,..... et du pain
» aussi ; car apparemment on vous en
» coupe un morceau quand on veut per-
» mettre que vous mangiez ? — Ah !
» mon Dieu, tout juste. — Oh ! les vi-
» lains ! les avares ! les cancres !...... ».
Et il descendit l'escalier en leur prodi-
gant toute sorte d'épithètes.

Un peu après que monsieur de Lafleur fut sorti, un grand, jeune et faraud
de clerc, qui avait déjà cherché trois ou
quatre fois à me parler, entra dans ma
cuisine. En rôdant par les montées, il
avait entendu une partie de notre conversation. Après un petit compliment
qu'il me fit d'un petit air fat, il me demanda ce que c'était que cet homme
qu'il venait de voir descendre. Je lui
répondis que c'était un ami de ma tante,
le valet de chambre d'un abbé commen-
dataire fort riche, et mon protecteur enfin.

« Ah ! protecteur , reprit-il d'un ton
» suffisant , est-ce qu'un homme comme
» ça est dans le cas de protéger ? — Oui,
» monsieur, c'est lui qui m'a fait en-
» trer dans cette maison ; mais il ne se
» bornera pas là , car il dit qu'il veut
» m'épouser.

» Fi donc ! s'écria-t-il avec dédain,
» une jolie et charmante fille comme
» vous n'est pas faite pour un malotru
» de valet. Il lui convient bien d'oser
» prétendre à cette bonne fortune-là !....
» Oh ! ma chère enfant , ajouta-t-il , en
» commençant à vouloir me caresser et
» me prendre le menton et les mains ,
» vous devez aspirer à une plus bril-
» lante conquête ». Et voyant que je
me reculais et me refusais à la liberté de ses gestes : « Oui , si vous
» voulez vous humaniser un peu, je
» vous ferais connaître quelqu'un qui
» vous aura bientôt fait oublier les
» viles propositions du valet d'un abbé ».
Et tout en disant cela il avançait

toujours sur moi, et voulait m'embrasser.

Je lui remontrais honnêtement qu'il s'émancipait un peu trop, et que monsieur le procureur n'entendait pas que je me laissasse conter fleurette chez lui, encore moins que l'on prît avec moi de certaines libertés..... Sans m'écouter il me serrait toujours, et m'ayant rencognée entre la cheminée et le buffet, il allait, disait-il, m'embrasser de force, pour m'apprendre à faire la petite cruelle..... Ne me voyant plus de moyen pour l'éviter, je saisis l'écumoire avec quoi je venais d'écumer le pot-au-feu, et la portant vivement entre mon visage et le sien, qu'il appuya fortement au même instant, il se remplit toute la figure de graisse, et s'écorcha en plusieurs endroits avec les trous de l'écumoire, qui n'étaient que grossièrement limés.

Il se retira furieux, et tout en se débarbouillant avec un fin mouchoir blanc, il m'accabla d'invectives. Il me traita de petite mijaurée, de bégueule..... et finit par me dire qu'une dévergondée qui s'abandonnait à un méprisable laquais, devait se trouver trop honorée des caresses d'un homme comme lui.

Monsieur de Lafleur, qui remontait pendant cette scène, avait, comme le clerc, écouté aussi un instant à la porte pour voir ce que la chose deviendrait ; mais à l'apostrophe impertinente que ce dernier venait de nous faire à tous deux à-la-fois, n'étant plus maître de sa colère, il ouvrit et entra brusquement.

« Comment ! mauvais *gratte-papier* ! » lui cria-t-il, impudent *saute-ruisseau!* » tu as l'audace d'insulter une honnête » fille, et de mépriser un brave homme » qui vaut mieux que toi » ! et en même temps il lui fit voler à la tête une bouteille de vin qu'il apportait pour notre déjeûner. Le clerc esquiva heureusement le coup, et la bouteille, en se brisant contre le chambranle de la cheminée, inonda la cuisine des flots de la liqueur que nous aurions dû boire.

Monsieur de Lafleur, fâché de l'avoir manqué, et voulant réparer sa maladresse, ne perdit pas de temps, et en l'ajustant mieux, lui couvrit cette fois le chef, d'un poêlon de cotelettes de porc frais, dont la sauce lui brûla les joues et découla du haut en bas de sa personne. Le clerc, pour se venger, saisit le pot-au-feu à deux mains, et le lança contre son adversaire ; mais il tomba à moitié chemin, se brisa, et le bouillon qui était bien bouillant, éclatant et rejaillissant de tous côtés, nous échauda à tous, et à lui-même, les jambes, et augmenta l'inondation dans laquelle nous barbottions déjà.

Mon défenseur décrocha un saladier, et le lui cassa sur l'estomac. L'apprenti chicanier prit une soupière, et la lui brisa sur les côtes. Leur double fureur augmentant toujours en proportion du mal qu'ils se faisaient mutuellement, en un instant tous les plats , les assiettes et les verres furent en morceaux , et les deux assaillans n'ayant plus rien à se jeter, et ne pouvant avancer l'un contre l'autre pour se gourmer, à cause de l'encombrement des tessons qui arrêtaient leurs pieds , songèrent à s'attaquer de loin avec d'autres armes. Le clerc arracha le manche d'un balai , et en allait épousseter les épaules de mon protecteur, quand celui-ci empoigna la broche et se mit en posture de faire jouer à l'autre le rôle de dindon, un peu plus tragiquement que je n'avais joué celui de poularde.

Au vacarme de tout ce cassement et aux cris que je poussais, le procureur arriva juste à temps pour empêcher un assommage ou un embrochage, et peut-être tous les deux...... Il recula d'horreur et de douleur à la vue des débris de tout son vaisselier....

Mais son aspect avait suffi pour faire tomber des mains des deux acharnés champions leurs armes meurtrières, qui bien heureusement n'étaient pas encore teintes de leur sang. Chacun des combattans voulut lui expliquer à son avantage le sujet de la dispute, mais le procureur, dont l'ame saignait à la vue d'un si effrayant déchet, les condamna sans vouloir écouter ni l'un ni l'autre. Il prononça que le délit était constant et constaté; qu'ils étaient criminels tous deux, pris tous deux *flagrante delicto*, et qu'ils paieraient également tous deux chacun la totalité du dégât, l'un pour acquit de la perte réelle, et l'autre pour réparation du scandale qui en résultait.

Après ce bel arrêt, il mit monsieur de Lafleur à la porte, lui défendant de remettre les pieds chez lui, et l'assurant qu'il allait le recommander à monsieur l'abbé, son maître, et lui présenter un bon mémoire à défalquer sur ses gages. Ensuite il fit le décompte du clerc, et lui ayant retenu ce qu'il voulut pour la

casse, il le congédia de même. Pour
moi, il me dit qu'il ne jugeait pas ma
cause pour l'instant, parce qu'il était
trop en colère ; mais qu'il l'appellerait
le soir, et qu'il entendrait mes défenses,
si tant était que j'en eusse à produire.

CHAPITRE IX.

Suite de cette affaire. Procès à huis clos avec le procureur.

Les deux condamnés et le juge retirés, et moi demeurée seule dans ma cuisine, toute abasourdie de la scène affreuse dont je venais d'être témoin, n'ayant presque pas entendu ce que le procureur m'avait dit en sortant, à cause de la confusion où était mon pauvre esprit, je m'attendais à tout moment à me voir donner aussi mon congé.

Dans cette pensée, tremblante sur la réception que me ferait ma tante en me voyant revenir ainsi chassée honteusement, je restais anéantie sur une chaise sur laquelle j'étais tombée au moment de l'apparition subite de mon maître.... Cependant la force et la raison me revenant petit-à-petit, je me relevai, et me mis d'abord à ramasser les tessons et à balayer la cuisine, qui offrait à la vue le spectacle d'un champ où l'on venait de livrer une bataille.

En me rappelant à-peu-près le propos que le procureur m'avait tenu, je pensais que je n'étais pas quitte, et que même la plus forte moitié de l'abordage me restait à soutenir lorsque la procureuse, plus intéressée encore que lui, et qui n'avait consenti qu'à son corps défendant à me recevoir, serait avertie du furieux ravage qu'on venait de faire dans ses propriétés.

J'étais dans cette cruelle inquiétude quand je vis entrer un crocheteur portant une hotte couverte dans laquelle il y avait en faïence neuve de quoi réparer tout le dégât fait sur la vieille. Le procureur, qui l'amenait, l'ayant congédié, me dit d'un air à double entente, que je voyais déjà une preuve des bontés qu'il avait pour moi..... Que ne voulant pas que sa femme fût instruite de cette fatale catastrophe , parce qu'elle me mettrait à la porte sur-le-champ , il avait pris des précautions pour lui en dérober la connaissance ; d'autant, comme il me l'avait déjà dit, qu'il se réservait à lui seul le droit d'éplucher mon affaire , et de prononcer en dernier ressort à mon sujet.

Là dessus , il m'ajouta que pour mieux donner le change à son épouse, que la soustraction du pot-au-feu pourrait mettre aux champs , il allait la retrouver dans une maison où heureusement elle avait été faire une visite ; qu'il lui dirait qu'il avait fait une œuvre charitable, en envoyant le bouillon et la viande à de pauvres gens malades , de son quartier , et qu'il se ferait prier à dîner, ainsi qu'elle... que par ce moyen je n'aurais rien à apprêter , et que conséquemment il me resterait tout le temps de remettre ma cuisine en état , pour que madame ne s'aperçût de rien à son retour , et il partit.

Je fus pénétrée d'une si grande complaisance de la part d'un maître, et je ne
pouvais assez admirer la bonté de son
caractère, qui lui faisait prendre tant de
peine pour m'épargner des réprimandes
de ma maîtresse. Il est vrai que je réflé-
chissais bien que du côté de l'intérêt il
n'y perdait rien , puisque monsieur de
Lafleur et le clerc lui payaient déjà en-
tr'eux le double de sa faïence ; quant
à son pot-au-feu, outre qu'il n'avait sans
doute pas oublié de le porter en compte ,
il le retrouvait encore , et avec un bénéfice, sur un dîner entier et bon, qui allait
de plus lui épargner le reste de la consom-
mation qu'il aurait dû faire chez lui ;
et il se procurait de surcroît l'honneur
d'avoir fait une action charitable , en se
vantant d'avoir substanté de pauvres malades. Cependant , j'avais tant de peur
de sa femme, que je me croyais très-
redevable envers lui de ce qu'il faisait ,
disait-il, pour me sauver de sa colère.
On verra bientôt les motifs qui le fai-

saient agir, et on jugera si ma reconnaissance lui était bien due.

Je replaçai donc la nouvelle faïence dans les cases vides du vaisselier, comme après une bataille meurtrière, on met des recrues en place des vieux soldats dont le sang a payé la victoire: j'essuyai la graisse sur le buffet et sur les murs; j'épongeai les carreaux et les lavai à plusieurs reprises avec force eau, pour effacer les traces et enlever jusqu'à l'odeur du vin qui les avait baignés; et j'attendis ensuite la rentrée de mes maîtres et leurs ordres pour le souper.

Monsieur le procureur revint le premier; il avait eu la politique, après son dîner dans cette maison où il s'était invité de lui-même, d'embarquer sa femme dans une partie de reversi, et avait prétexté une affaire au Palais, où il devait, avait-il dit, comparoir à une audience de relevée, pour prendre des défauts...... mais, c'était de celui de madame qu'il pensait à profiter.

Je ne fus pas long-temps à m'en apercevoir.

Le bon vin qu'il avait bu copieusement; l'absence de sa chère, mais pas trop douce moitié; la supériorité qu'il avait sur moi, et l'espèce de prise que semblait lui donner encore la malheureuse aventure du matin.... tout cela, dis-je, réuni, paraissant devoir lui donner beau jeu pour l'exécution d'un projet qu'il avait conçu dès le premier moment de ma présentation chez lui, il ne se gêna pas pour me le déclarer.

Il me sonna donc, et me fit descendre dans sa chambre, dont il ferma soudain la porte, et retira furtivement la clef dès que je fus entrée. Ce préliminaire commença à me paraître de mauvais augure.

S'apercevant d'une espèce d'inquiétude que je ne pus dissimuler, « que » ceci ne vous effraye pas, mon en- » fant », me dit-il gravement en s'étalant dans une large bergère.

« Je vous fais comparoir pour pro-
» céder à l'examen de la cause qui est
» restée en suspens ce matin. Mais,
» quoique je dusse, vu la gravité du
» délit, n'être pour vous qu'un juge
» sévère, je sens que mon cœur, pré-
» venu en votre faveur, veut être votre
» avocat contre ma bourse ; mais il faut
» lui fournir des moyens de défense.
» Voyons, avez-vous des pièces à pro-
» duire pour constater, ou du moins
» laisser présumer votre innocence ?...
» — Moi, mon cher monsieur ! Eh
» mon dieu, je n'entends pas ce que
» vous voulez me dire : je suis certai-
» nement très-innocente, mais je n'ai
» pas de pièces à vous produire. — Tant
» pis, mon enfant ! les meilleurs procès
» se perdent tous les jours, faute de
» pièces à l'appui de son bon droit.
» — Mais, monsieur, je n'ai pas de
» procès, moi. — Si fait, mademoiselle,
» vous en avez un, très-majeur même !...
» et qui peut, par la tournure des faits

» incidens à votre charge, viser au
» criminel... — Ah ciel! au criminel!
» eh, bonne sainte Vierge, quel crime
» ai-je donc commis? Deux hommes
» se battent dans votre cuisine, et cas-
» sent vos faïences, est-ce ma faute, à
» moi, qui en ai eu toutes les jambes
» brûlées encore par l'éclaboussure du
» bouillon!..... — Eh bien, ma fille,
» voilà déjà un commencement de ce
» qu'on appelle des pièces au soutien
» d'une cause : voyons, produisez-les ces
» jambes brûlées, et je vais procéder
» à la vérification ».

Alors me tirant vivement à lui, il
procédait déjà effectivement à relever
ma jupe ; mais je lui dis séchement:
« Laissez - donc, monsieur, vous êtes
» procureur, mais vous n'êtes pas chi-
» rurgien.

» Mademoiselle, reprit-il, les gens
» de notre état sont tout : d'ailleurs ici
» je suis votre juge suprême, et je réunis
» tous les pouvoirs....... Ne croyez pas

» m'échapper par des faux-fuyans et des
» semblans de scrupule de pudeur ; il
» n'y en a pas qui ne doivent céder à
» l'obligation de faire connaître la vérité.
» Un attentat énorme a été commis,
» consommé dans ma cuisine, et vous
» en êtes complice....... — Moi, com-
» plice !..... — Oui, et plus encore.....
» plus responsable envers moi que les
» deux autres, car vous en êtes la cause
» première ; et sans vous, le délit n'exis-
» terait pas, suivant cet axiome in-
» contestable : *Sublatâ causâ tollitur*
» *effectus*.

» — Mais, mon cher monsieur, tout
» ce beau jargon-là que je n'entends
» pas, ne prouve pas non plus que c'est
» ma faute. Est-ce que c'est moi qui ai
» dit à ces deux hommes-là de casser
» vos affaires, et de m'estropier moi-
» même avec ?

» — Si votre langue ne le leur a pas
» conseillé, vos yeux le leur ont or-
» donné. — Ah ! ça n'est pas vrai non

» plus ; je réponds bien que mes yeux
» ne leur ont pas plus fait de signes que
» ma langue. — Mauvaise défense, ter-
» giversage, nullité dans vos moyens ;
» la conviction existe contre vous, et je
» dois vous condamner comme eux à
» payer le déchet. — Mais, c'est in-
» juste, ça, monsieur..... et d'ailleurs
» avec quoi voulez-vous que je vous paie,
» puisque je n'ai rien ? — Je le sais :
» depuis le peu de temps que vous êtes
» chez moi, vous n'avez encore rien
» gagné, ainsi je ne peux rien vous
» retenir, ni vous imposer une amende
» pécuniaire...... mais on peut commuer
» la peine ; et comme il faut toujours
» que justice soit faite, et que mes in-
» térêts ne doivent pas être lésés, il faut
» que je trouve avec vous un dédomma-
» gement à telles fins que de raison ; et
» comme dit formellement la loi : *Qui*
» *ne peut payer en grains, doit au moins*
» *payer en farine* ».

Alors me prenant la main, et m'attirant encore à lui, mais plus doucement cette fois, il me dit d'un ton patelin, en voulant me faire asseoir sur ses genoux...

« Ecoute-moi, ma pauvre enfant; je
» ne suis pas méchant, et loin de te
» vouloir du mal, je suis tout disposé à
» te faire du bien. Tu dois penser que
» je devine le fond de cette affaire-là;
» d'ailleurs mon clerc m'a tout dit : tu
» as la bêtise de t'en laisser conter par
» ce coquin de Lafleur que je ferai chas-
» ser demain de chez son *abbé*, comme
» j'ai chassé mon clerc..... Il appartient
» bien à ces misérables gredins-là de
» convoiter un minois friand comme le
» tien. »!..... Et il caressait mes joues.
« Une taille élégante comme celle-là »!
Et il la serrait entre ses deux mains.
« Deux jambes fines comme ces pauvres
» petites, qui ont été brûlées tantôt par
» leur impertinente extravagance! des
» petites cuisses si rondelettes »!.... Et
il les pressait également par-dessus ma
jupe. « Et cette charmante gorge dont

» la blancheur m'éblouit, et que je veux
» absolument baiser..... Oui, tiens, ma
» belle, voilà pour le moment tout le
» paiement que j'exige de toi pour te
» mettre hors de cour et de procès »....
et il allait joindre l'effet à la parole,
quand, me débarrassant de ses mains, je
m'échappai brusquement, et courus à la
porte pour l'ouvrir... mais il avait poussé
un ressort secret que je ne connaissais
pas, et il me rattrapa.

« Oh bien ! dit-il, mademoiselle, puis-
» que vous faites rébellion à justice, et
» que vous ne vous êtes pas soumise au
» premier jugement, j'en rappelle moi-
» même en dernière instance, et vous
» allez payer le principal, les intérêts et
» les dépens »..... et il s'élança sur moi,
les yeux étincelans, la bouche écumante,
et grinçant les dents comme un animal
carnassier et furieux qui saisit une proie
tremblante.

Mes mains étaient comprimées fortement dans une des siennes, ma voix était

étouffée par la frayeur et l'épuisement,
et mes larmes, seule ressource que je
pouvais employer, ne faisaient que l'a-
nimer davantage au lieu de le fléchir....
C'en était fait, et le loup allait dévorer
la brebis !.... quand nous entendîmes le
bruit d'un fiacre qui arrêtait dans la rue,
devant sa porte. Il regarda par la fenêtre,
et vit la procureuse qui en sortait : aussitôt il m'ouvrit sa chambre, m'embrassa,
me poussa dehors, et me dit de remonter
bien vîte à ma cuisine, et sur-tout de ne
parler de rien à sa femme.

On juge bien que je ne me fis pas prier
pour décamper. J'enfilai rapidement l'escalier, et regagnai la cuisine sans être
aperçue. Je bénis le retour imprévu de la
procureuse, qui m'avait délivrée si à
propos des griffes de son mari...... Car,
sans deviner encore au juste ce que ce
méchant homme aurait voulu faire de
moi, je me figurais, en me rappelant sa
mine effroyable, qu'il avait apparemment une maladie de convulsions, et

que c'était comme des attaques de rage qui lui prenaient à l'aspect des jeunes filles.... car je l'avais déjà vu une fois à peu près en pareil état, en reconduisant une couturière qui avait apporté un deshabillé pour madame, en son absence.

La procureuse, qui vraisemblablement lui connaissait cette maladie-là, l'ayant vu sortir de si bonne heure, et la laisser seule dans la maison où ils avaient dîné ensemble, avait sans doute eu peur qu'il ne retournât chez lui exprès pour me mordre; elle avait donc quitté le jeu, et était revenue promptement et bien heureusement pour moi, au moment où je n'avais encore reçu que des égratignures.

Je ne sais pas ce qu'elle lui dit en le voyant dans la terrible situation où je l'avais laissé, ni quels remèdes elle lui administra pour calmer ses effrayans transports. Je restais dans la cuisine à attendre qu'elle vînt me donner ses ordres pour le souper : mais après avoir inutilement allumé un grand feu, croyant en avoir besoin pour faire la compote de pigeons annoncée du matin, car je ne savais pas encore que, quand ce couple avare dînait en ville, il n'y avait pas de souper à la maison... madame monta, et me dit de l'éteindre bien vîte, et d'aller me coucher, parce que monsieur se trouvait indisposé, et qu'ayant très—bien dîné, ainsi qu'elle, ils n'avaient pas besoin de manger.

Là–dessus, elle me renferma dans mon grenier pour jusqu'au lendemain, sans se soucier de ce que mon estomac n'était pas si bien garni que les leurs..... Cependant, vu la scène du matin, et leur bon repas pris en ville, je n'avais ni déjeûné, ni dîné, ni soupé .. et ce que j'avais mangé pendant les deux premiers jours, ne m'avait pas coûté de peine à digérer. Dieu garde les jeunes filles de bon appétit, d'être servantes chez des procureurs !

CHAPITRE X.

*Demi-explication avec la procureuse.
Mes maîtres vont dîner à la campagne.*

JE ne sais encore comment la nuit alla pour le procureur et sa femme, mais elle se passa pour moi en rêves bien creux, et en grands tiraillemens d'estomac ; de sorte que j'aspirais fort après le moment où madame viendrait me déprisonner, pour lui demander du moins ma double ration de pain, tant pour le jour courant que nous entamions, que pour la veille où l'on m'avait fait jeûner si rigoureusement.

Je l'entendis enfin, et ma première phrase fut : « Par grâce, madame, » donnez-moi la clef du pain ! Eh mais ! » voyez donc cette vorace créature ! » s'écria-t-elle avec humeur, ça n'est

K.

» pas encore éveillée , et ça demande
» déjà à se remplir le ventre !..... Avant
» que de manger, main'selle , il faut
» travailler pour gagner sa nourriture.
» — Eh mon dieu, ma chère dame ! je
». ne suis pas éveillée , dites-vous ?......
» Eh ! je n'ai pas pu fermer l'œil de
» toute la nuit ! et pour travailler avant
» de manger, je n'en aurais pas la force,
» car, après les quatre cuillerées de hari-
» cots que vous m'avez données le pre-
» mier jour, et la demi-botte de raves
» le second, j'ai bien passé tout le troi-
» sième à sec, et je ne crois pas qu'il
» me faille faire beaucoup de besogne
» pour gagner une si mince nourriture.

» — Ah, ah ! outre que vous êtes
» gourmande, vous êtes encore pares-
» seuse et raisonneuse !..... C'est bon à
» savoir; et tout cela me prouve, comme
» je m'en étais bien doutée d'avance,
» que vous êtes un joli sujet ! — Madame,
» je ne sais pas si je suis belle ou laide,
» et ce n'est pas là ce qui m'inquiète le

» plus ; mais ce que je sais très-bien, et
» ce que je sens encore mieux, c'est que
» je tombe de besoin, et qu'une cuisi-
» nière ne doit pas mourir de faim dans
» une maison. — Qu'appelez-vous, une
» cuisinière ? vous en êtes encore une
» belle, pour parler ! Vous ne savez ap-
» prêter aucun ragoût. — Pardon, ma-
» dame, c'est vous qui m'avez défendu
» d'en faire, parce que vous m'avez dit
» que cela excitait trop l'appétit. — Je
» vous dis encore une fois, ma mie,
» que je n'aime pas qu'on raisonne, et
» vous êtes une....... répliqueuse : au
» surplus, si je vous défends de faire des
» ragoûts, c'est du travail que je vous
» épargne, et c'est encore une preuve
» de la bonté de votre condition..........
» N'êtes-vous pas bien fatiguée ici ? Hier,
» par exemple, vous êtes restée les bras
» croisés : vous n'avez apprêté ni à dîner
» ni à souper. — Oui ! les bras croisés,
» et le ventre vide........ j'aimerais bien
» mieux préparer vos repas, que de per-

» dre les miens, si petits qu'ils soient :
» ce que vous mangez dehors, vous, ainsi
» que monsieur, ne me remplit pas ici,
» moi. — Mais, mais, quand je dis que
» cette fille-là est une dévorante ! les
» provisions d'un *fermier-général* ne lui
» suffiraient pas. — Ah ! pardine, ma-
» dame, quand ce seraient celles-là d'un
» *archevêque* ou d'un *chapitre de cha-*
» *noines*, tant qu'elles seraient sous la
» clef comme les vôtres, je ne m'en-
» graisserais pas à en flairer l'odeur.
» — C'est bon, c'est bon ! descendez,
» mademoiselle la pleurnicheuse, je vas
» vous donner du pain pour manger,
» dit-elle (en appuyant bien fort sur ce
» mot) , et vous allez me faire mon
» déjeûner..... mais je mesurerai bien le
» lait, soyez-en sure, pour voir si vous
» ne m'en buvez pas ; et ensuite vous
» me rendrez compte de votre belle
» journée d'hier, où vous n'avez rien
» fait du tout, et où monsieur mon mari
» est revenu de si bonne heure : c'est

» encore une affaire que je veux tirer
» au clair »; et elle descendit.

« Allons, dis-je en moi-même en la
» suivant, encore un procès que je vais
» avoir à soutenir avec la femme ! Dieu
» veuille qu'elle ne soit pas enragée aussi
» comme l'homme !......... Ah ! quelles
» vilaines conditions que ces maisons de
» chicane ! Oh ! ma bonne tante ! je re-
» grette déjà presque de ne m'être pas
» fixée à la partie du lavement » !

Madame ouvrit le buffet, et, tout en
rechignant, me coupa un très-petit morceau de pain qu'elle me jeta en me disant :
« Tenez, saoulez-vous donc, et qu'on ne
» vous entende plus vous plaindre et vous
» lamenter, car vous deshonoreriez ma
» maison : on dirait que la famine y
» est »....... Ah ! certes, elle cherchait
bien à l'y faire trouver aux autres !.... et
elle retourna dans sa chambre, en me
recommandant de rechef de bien soigner
son chocolat, sans avoir oublié la précaution de bien mesurer son lait, et de

me faire remarquer sa hauteur dans
le vase.

« Mais, madame, prenez donc garde
» qu'en bouillant ça diminue, et qu'il y
» a toujours du déchet. — Eh ! laissez
» donc, ma bonne ! c'est à d'autres qu'on
» fait ces contes-là, et nous nous y
» connaissons..... mais je suis raison-
» nable, je vous passe deux lignes pour
» le déchet..... et n'allez pas me mettre
» d'eau en place, au moins, car, malgré
» la protection dont mon mari vous a
» flattée, et qui vous rend déjà inso-
» lente, je vous prouverais bientôt que
» vous ne dépendez ici que de moi.......
» et souvenez-vous-en : deux lignes de
» déchet, et s'il y a deux gouttes d'eau,
» à la porte sous deux minutes »; et elle
partit en me faisant encore deux gri-
maces ; l'une, sans doute en punition
de ma gourmandise, et l'autre, en l'honneur de la protection, ou plutôt de la
persécution de son enragé de mari.

Je me mis donc à faire son chocolat,

tout en dévorant véritablement le morceau de pain qu'elle m'avait non pas donné, mais jeté comme à un chien.

« O ciel! me disais-je, en mangeant,
» pleurant et soufflant le feu tout à la
» fois, comme il est donc dur de dé-
» pendre des autres, et sur-tout de ces
» corsaires qui font métier de rançonner
» le public !........ Hélas ! toutes leurs
» criminelles manœuvres sont récom-
» pensées, leurs vexations sont auto-
» risées, leurs malfaits sont tolérés......
» Ils pillent impunément la veuve et l'or-
» phelin, ils s'engraissent des larmes des
» malheureux !... Comment auraient-ils
» de l'humanité pour les pauvres diables
» qui sont réduits à les servir » ?

Le chocolat fait, je le descendis à madame. Monsieur s'était servi son caraffon lui-même, puisque, par une précaution pareille à celle de sa digne épouse, qui craignait que je ne misse de l'eau dans son lait, il appréhendait bien plus encore, que je ne fisse un remplacement dans son vin.

Je remontai à ma cuisine pour me soustraire aux doubles coups-d'œil que me lançaient en dessous les deux époux; elle, pour voir si son mari me regardait, et si je lui répondais; et lui, pour deviner dans mon maintien, si j'avais parlé à sa femme de notre procédure de la veille.

Pendant qu'ils déjeûnaient, le facteur apporta une lettre à l'adresse du procureur. Il la lut. Elle contenait une invitation très-affectueuse et très-pressante pour lui et sa femme, de se rendre tous les deux, ce même jour, dans une maison de campagne nommée *le château du Trébuchet*, à deux lieues de Paris, au-dessus du village de Crèvecœur, où on les attendait pour leur offrir un excellent dîner, et leur donner des témoignages de reconnaissance pour le gain d'un procès, qu'on disait devoir à l'intelligence et à l'activité que ledit procureur avait déployées dans cette cause. La lettre était signée *Mondétour*, qui se disait oncle du client pour qui mon maître avait si bien plaidé, et qui voulait aussi le charger d'une nouvelle affaire.

Le couple intéressé, qui, outre l'épargne encore d'une journée de nourriture, envisageait un cadeau conséquent en espèces ou en bijoux, qui servirait sans doute de plat de dessert, se disposa sur-le-champ à faire gaiement ce petit voyage. On leur marquait de plus dans la lettre, que ne pouvant leur envoyer de voiture, parce que les chevaux de la maison étaient fatigués, ils eussent à en prendre une, et que les frais leur seraient remboursés avec les intérêts.

Le procureur envoya donc commander un carrosse de remise le plus élégant, et les plus beaux chevaux que l'on pourrait trouver, voyant encore, dans ce faible article, un mémoire de dépens à enfler au double. Sitôt qu'il fut arrivé, la pro-

cureuse ayant achevé sa toilette à grande
prétention, monta à ma cuisine pour me
donner ses ordres particuliers, pour la
nourriture des trois clercs restans.

Elle ouvrit le buffet, en sortit deux
litrons de haricots, et me recommanda
de les bien ménager, pour pouvoir en
faire deux repas, au cas que, comme
elle le supposait, on les retînt à cette
campagne pour souper.... et notez qu'en
le supposant, son intention était bien
d'avance de s'en faire faire l'invitation.

« C'est fort bien, madame, lui dis-je,
» voilà pour messieurs les clercs ; mais
» pour moi ?... — Oh ! pour vous ! et tou-
» jours pour vous !...... Cette fille-là ne
» pense qu'à elle. — Et mais, madame,
» cette fille-là est bien obligée d'y pen-
» ser, puisque les autres l'oublient.
» — Eh bien, eh bien, n'avez-vous pas
» du pain ?.... je viens encore de vous
» en donner. — Comment, madame,
» un quarteron à peu près, depuis avant-
» hier que je n'avais rien mis dans mon

» corps!.... — Oh! rien mis dans votre
» corps! vous faites la niaise, ma fille;
» mais je ne suis pas votre dupe, et si le
» pain vous manque, vous vous dédom-
» magez sur autre chose. — En vérité,
» madame, je ne comprends rien à vos
» reproches; et sur quoi croyez - vous
» donc que je puisse me dédommager?
» ne serrez - vous pas tout ici sous la
» clef? — Oh non, pas tout ce que je
» voudrais.... mais nous y reviendrons:
» ce voyage que nous sommes obligés de
» faire, retarde encore l'explication que
» je voulais avoir avec vous; mais ce
» soir, sans faute, j'en aurai le cœur
» net. En attendant, puisque vous êtes
» d'un si grand appétit, voilà déjà un
» restant de pain où il y en a bien une
» livre, et on n'en donne qu'une livre
» et demie à un soldat, qui fatigue bien
» plus que vous; et vous aurez encore
» en sus le restant des haricots de la
» desserte des clercs.

» Comment, madame! y pensez-

» vous? Le restant de deux litrons de ha-
» ricots après deux repas de trois clercs!
» ah! nous n'aurons besoin de cure-
» dent ni les uns ni les autres. Eh mais!
» voyez donc cette impudente, dit-elle
» en me repoussant pour s'en aller;
» ne faudrait-il pas lui laisser carte
» blanche pour prendre des vivres à sa
» discrétion chez un restaurateur?......
» Allez, allez, mon bijou; vous êtes
» trop heureuse qu'on vous laisse du
» pain, et prenez seulement bien garde
» que ce ne soit votre blanc que vous
» mangez le premier dans ma maison ».

Elle descendit alors, et s'emballa dans le beau carrosse de remise, avec monsieur le procureur, gonflés d'orgueil tous deux de se faire voir le long des rues, dans un brillant équipage (ce qui, pensaient-ils, devait leur amener de nouveaux clients). Le cocher fouetta, et les chevaux partirent au grand trot. Je restai dans ma cuisine à les regarder par la fenêtre, et à réfléchir sur mon

malheur, sur leur bonheur, et sur la
différence dont cette même journée allait
être employée par eux et par moi !.........
Mais nos connaissances sont si bornées !
qu'on ne peut jamais juger d'avance......
et le soir dément et détruit souvent tout
ce que promettaient les apparences du
matin.

CHAPITRE XI.

Dîner des clercs aux dépens du procureur.

LE procureur et sa femme s'en allèrent comme en triomphe, car, avant d'entrer dans la voiture, le praticien avait eu soin de faire dans la rue beaucoup de bruit et d'étalage, afin d'avertir les voisins, et de ne pas partir *incognito.* Effectivement tous les curieux et toutes les commères du quartier s'étaient mis aux fenêtres, et avaient reluqué avec jalousie ce digne couple s'étalant dans ce char pompeux, et donnant au cocher, à haute voix, l'ordre de les conduire au château de, etc.

Quand je les eus perdus de vue, revenant à penser à la diète qui m'était encore imposée pour toute cette journée; jugeant, par les propos que m'avait tenus la procureuse, que le même régime devait continuer pour moi toutes les suivantes, mon premier projet fut de fuir au plus vîte cette maison maudite, et de m'en aller retrouver ma tante : mais bientôt, réfléchissant que mes maîtres, piqués de ne me plus trouver en rentrant, seraient capables de m'accuser de les avoir volés, je fis contre fortune bon cœur, et je me résignai à prendre patience jusqu'à leur retour, bien déterminée à leur demander alors mon congé.......... et je me disposai à faire cuire les haricots pour les clercs.

Pendant que je leur apprêtais ce friand régal, un fermier qui avait un procès entre les mains de monsieur le procureur, vint de la campagne pour lui recommander son affaire; et pour mieux le disposer en sa faveur, il lui apportait en présent un beau lièvre, et un panier de douze bouteilles de bon vin. En l'absence du maître, le premier clerc, qui le représentait dans l'étude, reçut le cadeau, et donna en échange au porteur, les assurances les plus positives pour le gain de sa cause, et le fermier partit enchanté du troc qu'il venait de faire de belles et bonnes denrées contre de vaines paroles.

Alors les clercs restés seuls et maîtres du présent, ces clercs malins.... (car on n'accuse pas ordinairement ces messieurs de pécher par simplicité) ces clercs, dis-je, qui avaient aussi sur le cœur l'excès de sobriété que le procureur leur faisait observer malgré eux, jugèrent que l'occasion était favorable pour se dédommager, et se décidèrent promptement à profiter de l'absence de leurs deux surveillans, pour faire au moins un bon repas, *malgré eux aussi*, et à leurs dépens...., deux circonstances qui ajoutent encore au plaisir qu'on ressent à jouer un bon tour !

Ils montèrent donc à la cuisine avec leurs nouvelles provisions, dont il était déjà arrêté et statué, que le procureur et la procureuse ne tâteraient pas. Ils me demandèrent si, avant de partir, madame avait pensé à ordonner leur dîner. « Oui, messieurs, voilà deux litrons » de haricots qu'elle m'a donnés à faire » cuire pour vous trois, pour votre » dîner et votre souper, ainsi que pour » moi, s'il en reste après vous. Deux » litrons de haricots pour deux repas à » quatre personnes, s'écrièrent-ils tous » trois ensemble !... Ah maudite avari- » cieuse ! tu en paieras du moins la » sauce plus chère que tu ne l'as pensé ! » Tenez, ma fille » (me dit alors le pre- mier clerc, en me montrant le beau lièvre, sans toutefois m'instruire alors de la manière dont il lui était parvenu) « vous allez nous faire un civet de la » moitié de devant de ce *monsieur-là*, » et vous nous mettrez le train de der- » rière à la broche, et voilà du vin pour » arroser ce petit fricot-là ».

L'embarras alors était d'avoir les in- grédiens pour faire la sauce du civet.....

mais, par un bonheur inespéré, la procureuse, toute enthousiasmée de la vaniteuse idée d'être voiturée à un château, dans un bel équipage, en ouvrant le buffet pour me délivrer les haricots, avait oublié d'en retirer la clef, et je n'y avais pas encore pris garde....... mais le premier clerc l'aperçut, et, sautant vivement dessus, il r'ouvrit les deux battans avec l'impétuosité d'un chef de hussards qui foncerait au pillage d'une ville prise d'assaut..... « Ah morbleu! dit-il, cama-
» rade, la victoire est à nous : main-
» basse sur l'ennemi! point de quar-
» tier »!......... Et soudain, les deux pigeons qui avaient été épargnés la veille, le beurre, les oignons, le lard, la graisse, les œufs, les fruits..... Tout fut enlevé, et déposé à mes yeux sur la table de cuisine.

« Allons, mademoiselle, me dirent-
» ils, vîte à l'ouvrage! et méritez, par
» votre adresse et votre diligence, l'avan-
» tage de manger avec nous, votre part

» du plus beau dîner que jamais pro-
» cureur ait fait servir à ses clercs ».

Je voulus hasarder quelques mots de remontrance sur l'enlèvement de ces provisions, et sur la colère que mes maîtres m'en témoigneraient, mais ils me fermèrent la bouche, en me disant qu'ils prenaient tout sur leur compte, et qu'ils gardaient la clef du buffet pour la remettre eux-mêmes : qu'au surplus, que je l'accommodasse ou non, le tout n'en serait pas moins mangé, parce qu'ils iraient chercher une autre cuisinière, et qu'en ce cas, toutes les fricassées me passeraient devant le bec...... même jusqu'au pain qu'ils me refuseraient.....

La faim cruelle que j'éprouvais me fit céder à cette dernière menace, d'autant plus que je pensais intérieurement que le procureur ne serait pas dupe de cet écot-là, et qu'il saurait y retrouver son profit, aussi bien qu'il l'avait fait sur la casse de sa faïence : je me mis donc aussitôt à l'ouvrage.

Le menu fut arrêté par ces messieurs. Ils me commandèrent les raves et radis avec du beurre pour hors-d'œuvre, le civet pour entrée, avec les pigeons en compote ; une bonne omelette au lard pour entremets, le derrière du lièvre pour rôti, avec une bonne salade de betteraves, de céleri et d'anchois , et pour couronner l'œuvre , des fruits et des confitures pour dessert.

Pour m'aider à aller plus vîte , deux des clercs se mirent aussi à la besogne, et tandis que j'écorchais et découpais le lièvre, ils épluchaient et nettoyaient les raves et les oignons, cassaient et battaient les œufs, montaient le tournebroche, et allumaient des fourneaux.

Pendant tous ces préparatifs, et d'après la réflexion qu'ils avaient faite en commun, sur l'abondance des mets et de la boisson, le troisième acolyte allait inviter, en leur nom collectif, trois autres clercs de leurs amis, aussi mal nourris, et conséquemment aussi affamés qu'eux, à venir prendre part du délicieux banquet que leur bonne fortune leur envoyait.

Les trois nouveaux égrillards ne se firent pas tirer l'oreille, et accoururent bientôt pour renforcer la bande joyeuse. Pour moi, je ne fus pas fachée dans un sens de leur arrivée : seule entre les trois clercs de la maison, j'avais des craintes qu'il ne leur prît la même fantaisie caressante qu'avait eue l'autre clerc que le procureur avait congédié la veille..... Les deux qui étaient restés un instant avec moi, venaient déjà de commencer à me lâcher quelques mots de douceur, et à vouloir me chiffonner..... Mais à la réunion des six amis, ils ne pensèrent plus qu'à boire et à se divertir aux dépens du pauvre procureur absent, qu'ils drapèrent de toutes les manières, ainsi que son épouse....... Car, ce qui étonnera peut-être, elle n'avait pas un ami dans les trois clercs de son étude. Elle était si ladre, que, malgré le penchant naturel et violent qu'elle avait, disaient-ils, à la galanterie, elle n'osait s'y livrer, de peur qu'il ne lui en coûtât quelque chose..... ne fût-ce qu'un petit surcroît de nourriture pour son favori.... Et cela prouve qu'un défaut, quelquefois, empêche de s'abandonner à un autre.

Le dîner prêt enfin, ces messieurs se mirent à table : on servit tout à la fois pour faire plus d'étalage, et satisfaire plus voluptueusement les yeux, et le spectacle enchanteur de ce copieux ambigu, leur fit pousser à tous des cris d'enthousiasme et d'admiration.

Ce premier éclat de leur ivresse appaisé, ils se mirent à témoigner plus solidement encore leur satisfaction, et firent sauter les morceaux avec une adresse et une vivacité qui prouvaient à la fois, et la complaisance de leur estomac, et le besoin qu'ils avaient véritablement de ce supplément bienfaisant, qui leur arrivait si à propos.

Leurs exclamations approbatives et réitérées sur la saveur des viandes et sur la bonté de l'assaisonnement, me faisaient venir l'eau à la bouche; mes yeux, partagés entre les plats, leurs assiettes et leurs fourchettes, suivaient tous leurs mouvemens, et de temps en temps, mes dents, claquant les unes contre les autres, exprimaient bien significativement, qu'elles auraient voulu être aussi bien occupées que celles des six clercs.

Ils s'en aperçurent bientôt, et me renouvelèrent l'invitation qu'ils m'avaient déjà faite de me mettre à table avec eux. Je l'avais d'abord refusé par timidité, leur disant que je me contenterais de manger leur desserte; mais quand je vis qu'ils officiaient si expéditivement, et que les morceaux fondaient et disparaissaient comme par magie, je pensai que si j'attendais après eux, je n'aurais pas plus à manger que la veille........ Effectivement, après des clercs, dit-on, un chien ne trouverait pas de quoi ronger sur un os.

Je me déterminai donc à prendre place auprès du premier clerc, dont la politesse me fournit d'abord, en remplissant mon assiette, de quoi réparer le temps perdu, et ne plus m'inquiéter s'il en resterait ou non dans les plats. Les libations abondantes se succédaient de même fort rapidement, et l'on commençait déjà à juger que les douze bouteilles demeureraient aussi vides que les plats nets.

Cependant mon estomac, dérangé par la rude abstinence à laquelle on l'avait contraint depuis trois ou quatre jours, se refusait presque au désir que j'avais de le restaurer, et je m'efforçais aussi de boire, plus même par raison que par gourmandise (c'était pour lui redonner du ton et du ressort que je voyais qu'il avait perdu), de sorte qu'au troisième verre, déjà les fumées qu'il me renvoyait au cerveau, m'avaient étourdie.

Me voyant dans cet état, les six jeunes

libertins, qui n'étaient guères plus rassis
que moi, commencèrent à s'émanciper,
d'abord dans les propos, puis bientôt dans
les gestes. Des complimens ils passèrent
aux embrassades, et bref des embrassades, leurs désirs s'augmentant par
degrés, il n'y avait plus moyen de les
contenir.

J'étais ivre et seule au milieu de six
hommes jeunes et échauffés.... Comment
leur échapper, et quels dangers ma
pudeur n'avait-elle pas à courir !.........
Heureusement ce qui avait fait mon mal
servit à me délivrer.

Par une espèce de calcul, malgré leur
emportement, et voyant qu'ils se nui-
saient l'un à l'autre pour les plaisirs qu'ils
voulaient prendre avec moi, ils étaient
convenus de céder le droit de primauté
au premier clerc, et parce qu'il représentait le procureur mon maître, et parce
que c'était à lui qu'ils étaient redevables
de la sublime idée du délicieux repas
qu'ils étaient en train d'expédier. Les

M.

cinq autres ensuite devaient tirer au sort leur tour alternatif.

Le jeu était fait, et les rangs déjà réglés. Au moment donc où le maître clerc s'avançait pour jouir de ses droits, et qu'il préludait par m'embrasser vivement, une révolution soudaine et violente se fit dans mon estomac, et repoussant avec effort ce qu'il ne pouvait conserver, le rejeta, par le canal de ma bouche, sur la figure cléricale, qui en fut couverte. Ce premier amoureux se recula avec horreur, et m'abandonna pour se nettoyer.

Celui qui avait obtenu le second rang, s'avança en se moquant du premier clerc, et se promettant de faire, disait-il, mieux que lui...... mais une seconde inondation que je lâchai, plus forte encore que la première, l'ayant mis de même hors de combat, il fut plus sot que le maître clerc; et trois des quatre autres éclatant de rire aux dépens de ces deux-là, dirent qu'ils renonçaient à tenter l'épreuve;

qu'il était évident que *Bacchus* me pro-
tégeait, et que j'étais invulnérable et
inabordable pour *Priape*.

Je ne sais pourtant ce qui en serait
résulté, car j'entendis le quatrième qui,
plus hardi ou plus malin apparemment
que les autres, leur disait qu'il savait
un moyen sûr pour ne rien risquer de
mes évacuations, et qu'il allait le leur
indiquer en l'éprouvant lui-même.......
Il allait procéder à son épreuve, lorsque
la porte de la cuisine s'ouvrit, et le nombre des convives fut augmenté d'un individu que l'on n'attendait pas.

C'était ma tante, qui, pour profiter de
la permission que le procureur lui avait
accordée de venir me voir un jour par
semaine, avait, heureusement pour moi,
choisi celui-là.

« Ah ! scélérat ! qu'est-ce que tu fais
» à ma nièce » ? cria-t-elle, en entrant,
au faiseur d'expérience, et s'armant du
grand couteau de cuisine, « chenapan !
» je vas te déraciner l'ame » !

A ce cri glapissant, à l'aspect de cette vieille figure, baroque déjà par elle-même, et rendue plus effrayante encore par la frayeur qui l'animait, les six clercs parurent confondus ; les cinq premiers s'empressant, et d'arrêter le bras de la menaçante Geneviève, et de retenir son corps, le sixième me lâcha bien vîte pour tomber aux pieds de ma tante, dans un état que sa frayeur prouvait n'être pas dangereux.....

« Hélas ! ma bonne dame ! lui dit-il
» piteusement, soyez juste, et ne me
» faites pas plus de mal que je n'en ai
» fait à votre nièce. Je vous jure que....
» Tais-toi, petit monstre ! reprit-elle
» aussitôt en le toisant, tu n'as pas
» besoin de jurer...... On voit ben que
» tu n'as pas assez de cœur pour être
» capable de grand'chose : mais, c'est
» encore tant mieux pour toi, car si je
» t'avais vu plus effronté, je te jure, moi,
» par ce couteau-là qui vaut mieux que
» ton arme chétive, que je t'aurais mis

» hors d'état d'en affronter d'autre......
» ainsi que tous tes beaux vauriens de
» camarades..... Y en a-t-il quelqu'un
» qui ose se présenter pour faire une
» insulte à ma nièce ?

»Non, non, ma chère dame ! répon-
» dirent-ils à la fois, nous sommes tous
» très-calmes et très-respectueux, et
» aucun de nous n'est dans le cas de
» faire une offense ».

Alors les six clercs réunis la péro-
rèrent si bien, qu'ils vinrent à bout de
l'appaiser, et de lui faire abandonner le
redoutable grand couteau, et l'intention
vengeresse qui le lui avait fait saisir.

On lui expliqua que tout cela n'était
qu'un effet du hasard, et la suite d'un
petit jeu de société qu'on avait joué pour
s'égayer en l'absence du procureur et de
sa femme : on lui raconta le bon tour
qu'on leur avait fait pour les punir de leur
ladrerie, dont sa nièce souffrait elle-
même autant qu'eux, puisque même
elle n'avait pas mangé depuis trois jours....

Enfin on parvint à la faire rire, et avouer que c'était bien fait, et que ces vilains avares-là méritaient bien ça.

Pendant cette explication, j'étais revenue à moi, et ma double évacuation m'ayant tout-à-fait soulagée, je me sentais beaucoup plus à mon aise, et même en retour d'appétit.

Les jeunes gens, obligés par la présence de ma tante, d'en revenir, et de se borner aux seuls plaisirs de la table, voyant, outre le dessert qu'on n'avait pas touché, encore quelque chose sur les plats et dans les bouteilles, proposèrent de se ratabler......

Dans ce moment, un des six clercs, qui, voyant le déclin du vin, furetait de tous côtés comme par inspiration; ayant aperçu deux fioles bien bouchées, étiquetées et cachées dans un coin du buffet, s'écria fortement :

« *Vivat*, mes amis ! surcroît de bonne » fortune et de plaisir ! voilà deux bou- » teilles de liqueur ; à table vîte, et

» buvons à la santé de la bonne tante, » sans elle nous n'aurions pas trouvé » ce trésor-là ».

A cette agréable invitation, d'un mouvement spontané nous suivîmes tous le porteur de liqueur, et ce ne fut qu'un temps de poser les fioles sur la table, et nos culs sur les chaises. Ma tante se mit à côté de moi pour me couvrir de ses ailes, et le vin, la bonne chère et la liqueur ramenèrent encore une fois la gaieté et la folie. On mangea, on but, on rit et l'on chanta à tue-tête, sans s'occuper de l'heure, pensant bien que le procureur et sa digne moitié n'étaient pas gens à aller dans un château à deux lieues, pour n'y prendre qu'un seul repas.

CHAPITRE XII.

Succès du voyage du procureur. Son retour. Je suis renvoyée.

A propos du procureur, voilà l'occasion de dire ici quelques mots de son voyage. Arrivé, dans sa belle voiture, au village qu'on lui avait indiqué, le cocher s'informa du château du Trébuchet. Personne n'en put donner de nouvelles, et tous les habitans de l'endroit s'accordèrent à répondre qu'ils ne connaissaient d'autres trébuchets que des petites cages qui servent à attraper des oiseaux. Le procureur, mettant la tête hors la portière, demanda par le nom de monsieur *Mondétour,* qui était, disait-il, le maître de ce château inconnu : mais on n'avait pas plus de connaissance de lui que de son domaine, et personne n'avait jamais entendu parler ni de l'un ni de l'autre.

Enfin le cocher ayant encore voituré pendant plus d'une heure le couple affamé (car, outre la privation volontaire que les époux s'étaient imposée de leur souper de la veille, ils s'étaient encore retenus au milieu de leur déjeûner, afin d'en pouvoir prendre davantage aux dépens du maître du château), le co—cher donc ayant rôdé inutilement dans tous les environs, où l'on répondait tou—jours qu'on ne connaissait ni le maître, ni le château, le procureur commença à soupçonner le tour perfide qu'on lui avait joué.

Effectivement, l'adresse et les noms avaient été supposés, dans l'intention de le faire courir et dépenser inutilement, par un homme sans doute qui, au lieu d'avoir gagné un procès par le talent du procureur, l'avait perdu par sa mal—adresse.

« Ah ! maudit monsieur Mondétour ! » s'écria-t-il en enrageant, c'est un fier » détour que vous nous faites prendre là

» pour arriver à notre dîner ! et nous
» sommes bien les imbécilles oiseaux que
» vous avez attrapés à votre infernal
» trébuchet ! et votre village de Crève-
» cœur en est un bien véritable pour
» nous !......

» Comment »! reprit plus haut encore
la dame, furieuse et de l'inutilité de sa
belle toilette, et de la perte des deux
bons repas sur lesquels elle avait compté,
et du riche cadeau qu'elle s'attendait à
recevoir...... et des frais qu'ils allaient
être obligés de payer pour la voiture !....
« comment ! il est possible qu'on ait osé
» s'adresser à nous pour nous faire une
» horreur pareille !...... Ah ! monsieur
» mon mari, vous me vengerez de cela,
» ou jamais je ne vous regarderai. — Eh !
» comment diable vous en venger?
» — Comment ?..... par un bon procès
» bien criminel que vous allez intenter
» à cette occasion-là, et qui, j'espère,
» nous vaudra de grands dédomma-
» gemens, ou bien vous n'êtes plus

» digne d'être regardé comme procu-
» reur. — Eh mais, ventrebleu ! à qui
» l'intenter ce procès, puisque ces
» malheureux et traîtres noms - là ne
» sont seulement pas connus ?.... Notre
» plus court, madame, est de nous en
» retourner bien vîte dîner chez nous,
» car j'ai une faim d'enragé, et de
» regagner, si nous pouvons, la moitié
» de la journée sur le louage de notre
» carrosse » ; et il ordonna au cocher
de les reconduire à Paris à toute bride.

Mais le cocher, aussi malin qu'eux,
et qui d'ailleurs venait d'entendre leur
colloque, se garda bien d'entrer dans
leurs vues et de presser ses chevaux
pour épargner leur bourse. Il les rem-
mena tout au contraire au très-petit pas,
sous prétexte que ses bêtes étaient fati-
guées, et même, comme, disait-il,
croyant, d'après leur signification le
matin, qu'ils dîneraient à ce château,
il ne les avait pas fait déjeûner, il s'obstina
à s'arrêter au milieu du chemin pour les

faire dîner, le couple avare ne voulant pas entrer, pour en faire autant, dans une auberge où lui cocher alla, malgré eux, pour boire à leur santé.

Enfin, après bien des juremens du procureur, et des malédictions de la procureuse, qui ne firent que glisser le long des oreilles du *stoïque phaëton*, qui ne s'en était pas plus ému que ses chevaux, ils étaient repartis, et n'arrivèrent qu'à près de sept heures du soir à Paris, où ils furent en conséquence obligés de payer la journée toute entière.

Par un calcul de leur amour propre, tout opposé à celui du matin, ils avaient eu l'attention de renvoyer la voiture dès l'autre bout de leur rue, de peur que les voisins, en les en voyant descendre, ne devinassent, à la décomposition de leurs figures, l'humiliant échec dont ils venaient d'être les dupes, et s'en étaient revenus chez eux à la sourdine, de sorte qu'on ne les avait pas entendus rentrer.

Presqu'aussi tourmentés de la faim

que je l'avais été moi — même le matin
au moment de leur départ, ils montèrent vivement tous deux à la cuisine,
pour ordonner et hâter leur souper. Le
tapage scandaleux et les éclats bruyans
d'une gaieté si inconnue jusqu'alors dans
leur maison....... (c'était le moment de
la plus grande ivresse de nos six clercs,
redoublée par la bonne compagnie que
leur faisait ma tante), leur firent dou-
bler le pas : ils ouvrent, ils entrent, ils
nous surprennent......

Jugez, je vous prie, lecteur, de
l'effet que le premier coup d'œil fit sur
mes deux ladres, et représentez—vous
ce tableau.

Figurez—vous six clercs, ma vieille
tante et moi, attablés devant huit à dix
plats tout nus, mais qui, au moins par
la sauce et les os qui restaient encore,
donnaient l'indication des mets friands
dont ils avaient été garnis........ douze
bouteilles de vin vides et rangées par
ordre de bataille, excepté deux ou trois

qui, couchées sur la table, représentaient des soldats blessés à mort dans un combat...... deux fioles de liqueur dont la dernière seulement offrait encore quelques signes de vie....... et les huit convives, qui pourtant n'avaient pas été invités par le maître de la maison, bien en train, et chantant à pleine voix en l'honneur de celui qui régalait si bien malgré lui...... Ajoutez à cela, le procureur et sa femme les bras en l'air, regardant d'un œil piteux le buffet qu'ils croyaient bien fermé, ouvert à deux battans et tout dégarni............ Voyez leurs doigts écartés et recroquevillés comme pour nous égratigner tous, et leurs bouches ouvertes pour nous maudire............ mais restant muets tous deux et immobiles par la surprise et l'indignation !.... Certes, quelque nouveau *Callot* pourra dessiner ce sujet-là quelque jour.

L'excès de la fureur rendit pourtant au procureur assez de force pour détacher sa langue, que la stupéfaction avait d'abord collée à son palais.

« Qu'est-ce que c'est que ces maudits » renégats-là ! chouans et brigands qui » mangent mon bien , qui dévorent ma » substance, et qui mettent ma maison » au pillage, comme une troupe de » bandits qui seraient venus y faire une » incursion !.... Mais heureusement il y » a des lois ; très-heureusement nous » savons les faire valoir............... et » plus heureusement encore, elles vont » me venger et vous punir authen- » tiquement.

» Oui, oui ! pas de grâce , ajouta la » procureuse ; il faut faire ici une puni- » tion exemplaire.

» *Dulciter*, papa, et vous, la maman », leur dit, sans bouger de la table, le premier clerc, qui n'était pas le moins gris de la bande, et qui reconnaissait à peine le procureur, son patron , « pas de » bruit ! nous sommes de bons enfans : » nous voilà en train de nous divertir

*

» innocemment pour charmer les amer-
» tumes de la vie.... nous ne vous atten-
» dions pas, et c'est cause que nous ne
» vous avons rien gardé sur le fricot.....
» qui était, ma foi, excellent...... Mais
» voilà encore des places de reste à
» table; mettez-vous-y avec nous, faites
» revenir quelque chose, et nous allons
» recommencer pour vous tenir com-
» pagnie..... Je crois que notre procédé
» est honnête, et que vous n'avez pas à
» vous plaindre.

» Monsieur! dit la procureuse à son
» mari, si vous ne me chassez pas tous
» ces misérables-là, je vais me trouver
» mal.

» Décampez-moi bien vîte, drôles que
» vous êtes », reprit le procureur doublement excité par la colère de sa
tendre épouse......... et jouant le rôle
d'*Eole* avec les *Vents*, « partez subi-
» tement, et ne répliquez pas! Demain
» je vous attaque au palais, et en atten-
» dant le jugement, vos gages me ré-

» pondent de vos malversations et du
» dégât inoui que vous avez osé com-
» mettre chez moi.

» Oh! c'est nous, au contraire, reprit
» le maître clerc, qui allons vous citer
» au tribunal correctionnel, comme un
» mauvais citoyen, qui veut miner insen-
» siblement les ressources de la nation,
» en mettant la famine, et faisant périr
» d'inanition de braves jeunes gens qui
» pourraient être utiles à l'état et à la
» population, et dont vous anéantissez
» toutes les capacités morales et physi-
» ques, par votre infame lésinerie.
» Partons, mes camarades, et prévenons
» la plainte de notre doux chef, en
» allant porter nous-mêmes la première
» contre lui ».

A cette parole, ils se levèrent tous,
et quoiqu'en trébuchant, ils enfilèrent
la porte en lui disant : « Au revoir,
» monsieur l'accapareur ! les tribunaux
» vont décider s'il est permis à un mo-
» nopoleur, qui boit continuellement le

» produit de notre encre, d'affamer la
» jeunesse, et de vouloir nourrir trois
» clercs avec deux litrons de haricots
» pour un jour entier ».

Et le *sixain* de clercs partit joyeusement en défilant, tout le long de l'escalier, la litanie complette de toutes les belles choses qu'ils savaient, ou qu'ils imaginaient sur le compte des deux époux.

Il ne restait donc plus dans la cuisine qu'un *quatuor*, composé du procureur et de sa femme, de ma tante et de sa nièce.

Le jurisconsulte crut avoir plus beau jeu avec nous, et commençait à vouloir apostropher ma tante pour sa complicité dans ce qu'il appelait une pareille infamie, et déjà il l'assimilait, par ses odieuses comparaisons, à une recéleuse d'effets volés.

« Qu'appelez-vous, infamie » ! lui dit la brave Geneviève, indignée et mettant ses deux poings sur ses deux hanches

en avançant sur lui, « infamies, sont
» les horreurs que vous avez voulu faire
» à ma nièce » ! (Notez que je lui avais
raconté, pendant la suite du repas avec
les clercs, la peur que j'avais eue la veille,
d'être mordue par le procureur). « C'est
» toi-même, vieux pécheur endurci,
» qui es un infame! Ah! je crois bien
» que tu me trouvais trop vieille pour me
» mordre, et c'est une jeune fille qu'il te
» faut pour y appliquer la rage de, tes
» dents...... Mais de celle-ci, vois-tu,
» tu n'en tâteras seulement pas d'une....
» Imaginez-vous, madame, poursuivit-
» elle en s'adressant à la procureuse, que
» votre cher et fidelle époux a voulu hier,
» pendant que vous étiez dans une
» maison où vous aviez dîné...... C'est
» bon, c'est bon, dit la dame en l'in-
» terrompant, je sais ce que vous voulez
» dire, et je m'en étais doutée d'avance...
» Voyez-vous, monsieur, que tout se
» découvre; je sais à présent à quoi m'en
» tenir sur l'air échauffé que vous aviez

» hier au soir, et les motifs innocens
» de cette inflammation-là !...... — Eh
» bien, morbleu, madame ! quand cela
» serait, qu'en pouvez-vous dire ? et
» avez-vous sujet de vous en plaindre,
» puisque c'est vous qui en avez profité.

» — J'ai à dire que je suis très-
» mécontente de votre conduite, et que
» si vous continuez, je me séparerai de
» vous, et vous ferai rendre ma dot,
» qui fait bien les trois quarts du fond
» de votre étude.... Réfléchissez à cela...
» et, pour commencer à m'assurer de
» vous, j'ordonne à cette belle fille-là,
» qui goûte avec le maître, et qui dîne
» avec les clercs, de décamper à l'instant
» de chez moi.

» Ah jarni ! madame, reprit plus haut
» qu'elle encore Geneviève, il n'y a pas
» besoin d'ordonnance de votre part pour
» ça, c'était ben déjà décidé de la nôtre,
» et c'est moi-même qui vous ordonne
» de chercher des filles qui se nour-
» rissent de pain sec, et qui aient encore,

» malgré ça, le talent de donner à vote
» mari des chaleurs dont vous tirez le
» profit ».

Et, sans faire sa petite révérence
accoutumée, ma bonne tante me fit
passer devant elle, en hochant la tête et
faisant la moue à la procureuse, et
saluant le mari d'un *adieu, je t'ai vu,
insulteur de vieilles, et dénicheur manqué
des jeunes filles;* et nous partîmes, lais-
sant le reste de l'explication à finir au
duo doublement et triplement confondu,
et qui, pour dernière et plus forte punition, n'avait pas à son tour de quoi
souper, après avoir été privé de son
dîner......

Ainsi tourne la roue de fortune !...

Fin de la première partie.

TABLE DES CHAPITRES

Contenus dans la première partie.